Violence des familles

Maladie d'amour

Dirigé par Claudie Danziger

Éditions Autrement - Collection Mutations nº 168

Sommaire

Éditorial 11
Claudie Danziger

1. *Une pièce tragique* 15

« L'essence de la famille est d'être un meurtre. » (Sigmund Freud) La famille est le théâtre d'une tragédie dont, vainqueur ou vaincu, dominant ou dominé, meurtrier ou victime, chacun de nous est l'acteur, le protagoniste. Le spectacle qui se joue est celui d'une guerre, guerre interne, personnelle, ou guerre que se livrent les individus entre eux. L'amour à mort est le titre de la pièce que nous sommes condamnés à jouer indéfiniment. Il y est question de désir, de mort, d'amour ou de haine, de violence, de sexualité et de sang. Liens de sang ou liens de parenté sont bien souvent des liaisons dangereuses.

Caïn, l'homme furieux 17
Alain Didier-Weill

Caïn tue Abel, son frère. Le premier meurtre est un meurtre du silence : absence de parole entre les hommes, absence d'écoute de Caïn qui récuse la possibilité que Dieu lui offre de s'amender. Caïn se veut victime d'une ingratitude, parce que son sacrifice n'est pas agréé sans penser que donner, ce n'est pas choisir, mais offrir au-delà de ce que l'on possède.

D'Œdipe à Figaro : une mise en scène de l'inceste 22

Lydia Flem-Olender

Tuer le père, épouser la mère, chacun de nous a été en germe un petit Œdipe, commettant parricide et inceste. Central pour la psychanalyse, le complexe d'Œdipe est l'équation qui fonde le psychisme humain. Enfant mythique de la psychanalyse, le petit Hans parvint à sublimer ses conflits grâce à son goût pour la musique. Devenu chanteur puis metteur en scène d'opéras, il réussit mieux que tout autre, à travers le personnage de Figaro notamment, à rendre sensibles les mouvements et les complexités de l'âme humaine.

Hamlet et la violence d'aimer 40

Gisèle Venet

Comment comprendre l'impuissance d'Hamlet à venger son père mort ? Comment expliquer sa carence, son recours à Hécube pour dénoncer le crime commis, la violence faite au père ? La souillure intime n'a pas de mots pour se dire. À la tragédie d'Hécube pleine de cris et de sang s'oppose la tragédie blanche et silencieuse d'Hamlet. Tout y est perverti, même la violence d'aimer.

La dévoration 50

Alina Reyes

Posséder l'autre, le dominer, le dévorer, l'incorporer... le tuer en somme. Cette violence archaïque, cannibale, ne s'est pas éteinte en nous, elle est seulement devenue plus civilisée, métaphorique. Au sein de la famille, on se mange, on se déguste, on se mâche, on se crache, on se déchiquette, on s'avale (ou pas). C'est la grande bouffe familiale, l'alliance qui scelle les noces barbares de l'amour et de la mort.

Moi Pierre Rivière ayant égorgé ma mère, ma sœur et mon frère 61

Un cas de parricide, complainte

2. *Coulisses* 63

Comme tout théâtre, la famille comporte des coulisses. Dans les coulisses, on se prépare, on se change, on se maquille, on revêt l'armure de l'acteur. Les coulisses - comme l'âme - sont un lieu tenu secret, non ouvert au public. Lieu d'ombre et de mystère, ce qui s'y cache est la condition de ce qui se montre, c'en est aussi la honte quand, par accident, ce qui doit se cacher se laisse voir.

La lessive 65
Jacques Prévert

La belle famille ! 68
Marie-Louise Audiberti

La famille idéale ressemble à une belle image : le père élégamment vêtu, lisant sous la lampe, mère et belle-mère dressant la table, enfants sages finissant les devoirs, tandis qu'au coin du feu le chien s'étire et bâille... Mais qu'est-ce qui couve derrière les apparences, sous le charme discret de la bourgeoisie ?

« Collages tressés » ou l'adultère avec Gustave F., Michel de M., Honoré de B., James J., Vladimir N., Sacha G., le journal *E..e* et quelques autres. 74
Josée Lapeyrere

L'adultère : brûlure d'une relation nouvelle entrevue mais déjà forclose, désir pour l'autre inconnaissable, comme déjà envolé... Passion pour cette absence d'avenir, feu follet de l'étreinte à laquelle vivante-mourante on s'abandonne, depuis toujours déjà, en partance de l'autre... L'adultère est écriture du corps. La palpitation des phrases, l'halètement des mots qui suffoquent et s'épuisent, les blancs qui séparent, laissent pressentir une dimension qui déborde le langage.

L'empire des mères 86
Georges Gottlieb

Seul Dieu ici-bas, la déesse-mère est en même temps Satan,

sorcière. Elle protège et détruit, elle fait vivre et mourir. Face à ce balancement entre deux extrêmes, la mère, puissante image d'une violence naturelle, doit renoncer à ses désirs de domination, s'adapter, se réduire pour devenir figure humaine et trouver ainsi la voie moyenne entre l'intrusion destructive et le dévouement sans borne.

Remous, l'âme enfantine 104

« Les poètes de sept ans », Arthur Rimbaud.
« Poil de carotte », extrait du « Journal » de Jules Renard.

Immergé - submergé 107
Pierre Pachet

« On est bien, immergé. Et sans que l'on sache pourquoi, voilà que cette flottaison heureuse, au bord de l'engloutissement, les yeux clos, l'attention engourdie, pleine des bruits de la maison, voilà que tout se renverse, et que tout l'espace domestique veut vous avaler et vous avaler encore. » Alors, en vous, une force, une force inconnue de vous, une force qui prend des forces, une petite violence toute neuve s'arme. Vous tirez sur la famille, de toute votre haine naissante.

Une bonne éducation 117
Patrick Baudry

« C'est pour ton bien. » Au nom du bien que de violences commises ! Que de punitions injustes, arbitraires ! Combien d'humiliations ! Sous prétexte d'une bonne éducation, les dresseurs peuvent aller jusqu'à l'abus de pouvoir. « Fais tes devoirs, apprends tes leçons ! » Autant d'injonctions qui font plier le faible. Mais plutôt que de soumettre à l'obéissance par la terreur ou par la séduction, la véritable éducation ne consiste-t-elle pas à révéler à l'enfant ce qu'il est ? Éduquer, c'est le contraire de la violence.

La fille de Minos et de Pasiphaé 129
Cécile Wajsbrot

Nul besoin de rappeler l'hérédité de Phèdre, tant la faute marque sa destinée. L'âme imprégnée d'une fatalité sans répit, elle est conduite à reproduire le drame initial, comme si la culpabilité se transmettait de la personne à la famille. L'héritier n'aurait-il d'autre choix que d'accomplir ce que son nom lui dicte ? Quel soulagement si on pouvait s'auto-engendrer, ne devoir la vie à personne, occulter la parole-loi intériorisée du père et de la mère !

« Tu seras bien là-bas » 139

Lydie Salvayre

Dans les maisons de retraite, on parque les petits vieux qui se sont usés à vous aimer... « Il paraît que l'hôpital est formidable dit le fils ; très bien équipé et très propre dit la femme du fils. Un peu de discipline ne lui fera pas de mal dit le fils. Les vieux, c'est pire que les enfants dit la femme du fils. Elle sera mieux là-bas dit le fils. Incomparablement mieux dit la femme du fils. » La mère a fermé les yeux. Elle ne dort pas. Elle souhaite juste mourir...

En douce... 145

Claudie Danziger

3. *La scène* 147

Dans ce chapitre, il est question de représentation, d'image. Mise en scène de notre vie familiale, autant de scènes aperçues, entendues, montrées, imaginées, inventées ou réelles qui découpent notre vie en actes, à la manière d'une représentation. Hors champ, la scène primitive met en scène le père, la mère et l'enfant qui regarde. Étreinte ou pugilat, scène d'amour ou de dispute, haine ou amour ? La famille telle qu'elle nous apparaît, vue sous les projecteurs...

La scène primitive 149

Charles Melman

Dans l'obscurité qui permet de faire coïncider réalité et imaginaire, Éros, force attractive qui assure la cohésion de l'univers et la reproduction des espèces, marque de son empreinte la scène primitive, moment qui permet à l'enfant d'accéder à la sexualité. Paradoxe de la scène : traumatisme souvent décrit comme une agression, la scène primitive, dans son mutisme, est aussi la condition nécessaire pour faire éclore la remémoration fondamentale.

La dispute 155

Laurie Laufer

Coups, cris, vaisselle cassée, meubles renversés, vêtements déchirés... La scène de ménage éclate dans le couple, dévastant tout sur son passage. Il suffit parfois d'un rien, d'un mot pour la déclencher : « Mais qu'as-tu donc ? » La question signe alors le malentendu, l'écart des désirs, la faille dans la demande, le choc de deux manques. Détruire alors ? Mettre le feu ? Érotisme de la colère prête à tout mettre en jeu pour que des cendres renaisse le phénix.

L'héritage : une pas si belle affaire que ça 165

Éric Toubiana

Endeuillé-héritier. Double relation au défunt qui dépasse rapidement la dimension de la douleur pour sombrer dans l'entre-déchirement conflictuel. Les violences que suscite la liquidation de l'héritage reflètent le mouvement régressif qui fait revivre les traumatismes de l'enfance, les sentiments refoulés, les rivalités archaïques. Jusqu'où irait cette violence si la loi, synthèse juridique des conflits immémoriaux, ne venait instaurer l'ordre et la règle ?

Le sacrifice du sacrifice 175

Jacques Hassoun

Quand les parents s'autorisent à croire qu'ils sont les représentants de la loi et qu'ils ne se réfèrent à aucune autre instance qu'à eux-mêmes, loin de s'y conformer ils incarnent ce qu'elle a de pervers. Psychotiques, asociaux, ces parents transforment l'enfant en chose et en disposent sans égard. Ils satisfont leurs pulsions aveugles, sauvages, actes révélateurs de la haine qu'ils ont d'eux-mêmes et de la défaillance du père à incarner l'élément médiateur sans lequel tout rapport à l'autre est voué à la folie et à la mort. Le sacrifice du sacrifice qui préserve la vie est alors impossible.

Biographie des auteurs 180

Éditorial

Claudie Danziger

Rouge comme le rouge à lèvres « Rouge Baiser » qui laissait des marques, petites morsures au cou, rouge comme les rideaux au théâtre avant que l'on ne frappe les trois coups, rouge comme un cœur transpercé, rouge comme la robe déchirée, rouge comme les cris, rouge comme les flammes, comme les larmes, comme le sang versé...

Infiniment rouge et violente m'apparaît la famille et le petit ruban qui court entre ces pages...

*

Depuis longtemps déjà récits bibliques, mythes grecs, tragédies nous avertissent : l'histoire de la famille primitive est sanglante. On n'y entend parler que de rivalité, de sexualité, de meurtre, d'inceste, de jalousie et de dévoration.

Ici Médée avale ses enfants, Cronos émascule son père, là Caïn tue son frère, Œdipe, après avoir assassiné son père, épouse sa mère et la féconde, Hamlet, en rêve, commet parricide et inceste.

« La race des barbares est ainsi faite que le père s'empare de son fils qui a changé de forme ; il le tue en priant, l'insensé ; et le fils crie, suppliant son bourreau dément ; mais lui n'entend pas et l'égorge, préparant dans son palais un abominable festin. Pareillement, le fils s'emparant du père, les enfants de la mère, leur arrachent la vie et dévorent une chair qui est leur. » (Euripide)

*

Ces mythes nous parlent d'un état de l'homme archaïque et cruel soumis à la violence de ses pulsions instinctives et à la sexualité sans frein. Maladie humaine, quand, en l'absence de toute loi, de tout interdit qui la cerne, la jouissance devenant folle conduit au chaos, au retour à l'informe, « à la confusion de la nuit primordiale, le visage même de la mort, de cette mort qui n'a pas de visage » (Jean-Pierre Vernant).

Terrifiants, ces mythes ne sont pas si éloignés de nous. Ils nous renvoient à notre ressemblance, à celle ou celui que nous serions si les notions d'amour et d'interdit n'étaient intervenues, transformant le barbare en être de tendresse. Mais êtres d'amour, le sommes-nous devenus vraiment ? Et qui sont-ils, ces turbulents locataires qui habitent notre inconscient ?

*

L'ambivalence de nos sentiments, notre sexualité, nos dissonances, l'écartèlement permanent auquel se trouvent soumis notre âme et notre corps, la capacité de haïr ceux-là mêmes que nous aimons, nous rappellent que le petit sauvage en nous n'est pas mort. Il se cache dans les plis et les replis de notre être, dans les désirs troubles que nous ne voulons pas reconnaître, dans les pulsions qui nous divisent, dans l'insomnie qui barre nos nuits.

Dissimulé au fond des maisons, en cachette dans les familles, il allume des feux dont le corps est brûlé. La violence des familles est l'histoire de cette brûlure.

Jamais éteinte, cette violence court toujours en nous, mais refoulée, domestiquée, elle s'exerce de façon plus sournoise, hypocrite, parfois même invisible. Elle a appris l'art du maquillage, celui aussi des bonnes manières. Dans les familles on continue à s'aimer, à se haïr, à se dévorer, à se déchiqueter mais on le fait proprement. Pour se manger, on prend couteau et fourchette, on met une serviette. Quand on se tue on choisit l'arme blanche.

Soumise à l'ordre de la loi, à l'interdit et au système juridique qui punit ce qui l'enfreint, la violence des familles d'extérieure est devenue intérieure, le sang qui coulait jadis s'est transformé en feu. Ce feu qui nous consume soumet au bûcher nos âmes désormais hantées par le poids de la faute et de la souillure. Êtres de désir, nous nous vivons coupables de crimes que nous n'avons pas commis. Cette honte nous exclut de notre propre vie. Ainsi, certains d'entre nous deviennent-ils des habitants de l'ombre. À la noirceur naturelle des sentiments s'ajoute désormais l'obscurité dans laquelle nous devons les tenir cachés.

Alors, que pouvons-nous faire, quel remède espérer pour que la famille ne soit plus le lieu du crime, cet espace où l'amour et le désir nous mettent si violemment à mort ?

« En vérité, rien ni personne, pas même nous ou la société n'est à blâmer pour la violence impérieuse du désir qui règle notre existence et nos arrangements sociaux. Le problème éthique porte en fait sur ce que nous faisons de cette violence, autrement dit sur les liens que nous tissons avec nous-mêmes et les autres pour y répondre. » (J. Rajchman)

Une réponse possible se dessine là. Non pas taire, nier, occulter, bâillonner la violence qui fonde la famille, mais au contraire, interroger cette violence pour inventer un savoir-faire qui permette à chacun dans la famille comme dans la cité de vivre ensemble tout en reconnaissant l'autre.

Claudie Danziger

1. *Une pièce tragique*

« L'essence de la famille est d'être un meurtre. » (Sigmund Freud) La famille est le théâtre d'une tragédie dont, vainqueur ou vaincu, dominant ou dominé, meurtrier ou victime, chacun de nous est l'acteur, le protagoniste. Le spectacle qui se joue est celui d'une guerre, guerre interne, personnelle, ou guerre que se livrent les individus entre eux. L'amour à mort est le titre de la pièce que nous sommes condamnés à jouer indéfiniment. Il y est question de désir, de mort, d'amour ou de haine, de violence, de sexualité et de sang. Liens de sang ou liens de parenté sont bien souvent des liaisons dangereuses.

Caïn, l'homme furieux

Alain Didier-Weill

Caïn tue Abel, son frère. Le premier meurtre est un meurtre du silence : absence de parole entre les hommes, absence d'écoute de Caïn qui récuse la possibilité que Dieu lui offre de s'amender. Caïn se veut victime d'une ingratitude, parce que son sacrifice n'est pas agréé, sans penser que donner, ce n'est pas choisir, mais offrir au-delà de ce que l'on possède.

Que découvrons-nous derrière toute violence familiale ? Qu'un membre du groupe s'est abandonné à la fureur pour échapper au désespoir.

Que la fureur soit le chemin le plus court pour oublier le désespoir nous questionne : si, en l'occurrence, Caïn n'avait pas eu la relation horizontale d'un frère envers lequel dériver sa violence, serait-il sorti du désespoir induit par l'échec de sa relation verticale avec Dieu qui n'agrée pas son sacrifice ?

Nous ne le savons pas mais, ce que nous savons, c'est que Caïn tend à oublier la signification de son propre désespoir pour s'abandonner à une inoubliable jalousie envers le frère agréé.

L'erreur de jugement dans laquelle tombe dès lors Caïn tient à ce qu'il substitue, à la relation transcendante par laquelle il est assigné à entendre la parole du Tétragramme, une relation spéculaire où l'image de son frère le capture d'autant plus qu'Abel ne lui parle pas.

Du fait de cette substitution qui l'arrache à l'ascendant de la parole de l'alter pour le plonger sous l'ascendant de son propre regard fasciné par son alter ego, il oublie d'une part la raison pour laquelle son sacrifice n'a pas été agréé, d'autre part que cette raison n'est pas immuable ; par sa prise de parole (*Genèse* 4, 10) : « Il dépendrait de toi de t'orienter vers le meilleur pour gagner », le Tétragramme indique que le jugement qui lui a fait récuser l'offrande n'est pas sans appel ; ce n'est pas un jugement qui condamne mais un jugement qui attend que Caïn aille en appel afin de pouvoir trouver, dans le dialogue avec Dieu, quelle est donc la façon de donner qui puisse rendre le don recevable par l'Autre.

Qu'il ne suffise pas de donner pour que le don soit recevable n'est-il pas la source même de l'éternelle fureur humaine contre le semblable : « Quelle est la signification de l'ingratitude de l'autre à qui je donne tant de choses et qui ne m'est pas reconnaissant ? »

À partir de quand effectivement puis-je être reconnaissant du don qui m'est fait ?

Dans son rapport à Caïn, le Tétragramme estime, du simple fait qu'il ne reconnaît pas la valeur du don sacrificiel qui lui a été fait, que Caïn disposait de la capacité d'inventer par lui-même - puisque la Loi ne lui avait pas été donnée - comment il convenait de s'y prendre pour procéder à un don sacrificiel.

Ce point est fondamental car il indique que Caïn - qui est en fait le premier sacrificateur de l'humanité - aurait dû savoir, sans avoir eu à l'apprendre, qu'il convenait, pour rendre le don sacrificiel recevable, de donner les prémices de son bétail.

Qu'est-ce que donner les prémices sinon signifier par un acte symbolique que le donateur ne choisit pas ce qu'il donne, pour autant qu'il s'incline devant une part qui ne lui appartient pas car elle appartient à plus haut que lui ?

Dans cet acte par lequel le sujet signifie qu'il rend à l'autre ce que l'autre lui a prêté (un prêté pour un rendu), le sujet donne ce qu'il n'a pas, entrant par là dans le champ de l'amour tel que Lacan l'a défini : quand, dans l'acte amoureux, la femme « se » donne à l'homme qui « lui » donne le phallus, que donnent-ils l'un et l'autre sinon, fondamentalement, quelque chose qu'ils se passent mais qui les dépasse, quelque chose dont ils ne disposent pas mais qui dispose d'eux ?

L'amour non narcissique dont nous parlons n'est-il pas ce qui fait lien entre l'acte par lequel une *femme* se donne et celui par lequel une *mère* donne la vie à un enfant ? Donner « la » vie, c'est comme se donner, donner ce que l'on ne possède pas ; c'est donner en somme un consentement intime à être dépossédé de soi-même. Lorsque l'amour peut disposer une mère à être ainsi dépossédée envers le nouvel arrivant qu'est le nouveau-né, les conditions sont créées pour que l'infans, ne s'appréhendant pas comme possédé, comme acquis par la mère, puisse découvrir très précocement cet au-delà de la mère qu'est le père.

Encore faut-il, bien sûr, que ce père fasse acte de présence.

En ce point, il nous faut reconnaître que ce que le texte de la *Genèse* nous apprend des circonstances ayant présidé à la naissance de Caïn n'indique pas, tout au contraire, que le nouveau-né ait été accueilli dans cette situation d'amour symbolique par laquelle une mère, renonçant au rapport de possession, est prête à faire place, entre elle et l'enfant, à la médiation de la parole tierce d'un père.

D'un côté, Ève se désigne en effet comme celle qui (*Genèse* 4, 2) « a *acquis* un fils ajusté au Tétragramme », de l'autre, Adam se signale par son manque de présence impressionnant : pas un mot, pas un geste significatif produits par lui pour l'accueil de l'enfant.

En fait le silence d'Adam, le père, envers son fils, prolonge ce qui semble avoir été le silence d'Adam, l'époux, envers sa compagne : n'est-ce pas parce qu'Adam ne s'intéressait pas assez à elle, en ne lui parlant pas, qu'Ève a pu être intéressée par la parole du serpent et ultérieurement tentée par une relation de possession avec son premier-né ?, se demandent certains commentateurs[1] qui mettent ainsi en perspective le lien qu'il y aurait entre la convoitise d'Ève la femme envers le serpent, et la possessivité d'Ève la mère envers Caïn.

Que se produit-il pour un fils qui hérite d'une situation symbolique dans laquelle la loi du désir sexuel ne lui est pas transmise par l'existence du désir de la mère pour le père mais par l'existence du désir de la mère pour le serpent, c'est-à-dire pour un phallus non procréateur ?

1. C. Birman, C. Mopsik, J. Zacklard, *Caïn et Abel*, Grasset, 1980, p. 42.

Que se passe-t-il d'autre part quand l'invocation de la fonction procréatrice ne lui est pas transmise par le père réel mais exclusivement par la mère qui l'a « acquise » par le Tétragramme ?

La production de cette situation est interprétée comme un viol de la loi symbolique : de ce viol se déduit l'instauration d'une autre loi, non symbolique, loi de violence surmoïque que Caïn appréhendera comme une loi d'injustice qui justifiera sa fureur.

Là est le ressort du désespoir de Caïn quand Dieu n'agrée pas son don sacrificiel : ce qui le voue au désespoir c'est qu'il ne perçoit pas que la loi puisse dire « non » sans être pour autant maléfique. Pour Caïn la loi n'ayant pas acquis sa signification symbolique n'est qu'une loi surmoïque, persécutrice, qui ne peut que prouver sa malignité en le rejetant. S'il avait fait l'assomption de la dimension symbolique de la loi il aurait, comme Abraham ou comme Job, été en position de pouvoir discuter avec Dieu en faisant appel. Il aurait pu, en renouant avec la parole, faire un retour sur lui-même qui l'aurait mis en position de reconsidérer ce que pouvait être le don des prémices. En cela il aurait pu parcourir le chemin que parcourent ces analysants qui parviennent un jour à cesser de maudire la loi responsable, selon eux, de tous leurs maux, parce qu'ils finissent par découvrir que la loi devient donatrice le jour où elle reçoit le tribut requis : tribut des prémices qui est le tribut de la castration symbolique.

Le temps décisif de la faute de Caïn n'est pas le temps où va s'instituer le désespoir mais le temps où il ne veut pas entendre la parole par laquelle le Tétragramme lui rappelle qu'il est libre de pouvoir s'orienter autrement pour faire le retour - *techouva* - qui le guérirait de son désespoir (*Genèse* 4, 10) : « Pourquoi ta fureur, pourquoi ton désespoir ? Il dépendrait de toi de t'orienter vers le meilleur pour gagner. »

Ce premier temps logique, par lequel la faute visite l'homme, est comparé par le Midrach Rabba à un moment de passage possible mais non inévitable de la faute : la faute est ainsi décrite comme une sorte de *passagère* qui peut s'en aller comme elle est venue, mais qui peut aussi s'installer et se transformer en *invité* et, dans le pire des cas, en *maître* des lieux. Cette gradation en trois étapes est ainsi illustrée dans le Midrach par Rabbi Isaac[2] :

> Rabbi Isaac dit : au début la faute est semblable au visiteur occasionnel, puis à un invité, enfin au maître de maison.
> Comme il est écrit : « Un voyageur arriva chez un homme riche » (*Samuel* II, 12, 4) ; c'est la faute en tant que voyageur qui ne fait que *passer.*
> « Le riche n'a pas voulu toucher à ses brebis ou à ses bœufs pour préparer un repas à l'invité qui était venu chez lui » ; la faute est maintenant l'*invité.*
> « Et il prit la brebis du pauvre et l'apprêta pour l'homme qui était venu chez lui » ; la faute est désormais le *maître de maison.*

Ces trois étapes, nous les retrouvons dans la progression subjective de Caïn : premier temps, il rencontre la faute comme passagère quand il tombe dans le désespoir ; deuxième temps, Caïn se ferme à la sollicitation du Tétragramme de choisir d'amender son désespoir ; il consent à persister dans sa fureur envers Abel. La faute devient dès lors l'invité qui prend en lui la place de telle sorte que « la déviance devient tapie à la porte » (*Genèse* 4, 11).

En ce point, la « déviance » ne s'est pas encore rendue maîtresse de Caïn. Elle ne le deviendra qu'au troisième temps dans lequel Caïn, ne pouvant plus s'en « décoller » (*Genèse* 4, 12), choisit l'acte fratricide.

2. *Ibid.*, p. 160.

D'Œdipe à Figaro : une mise en scène de l'inceste

Lydia Flem-Olender

Tuer le père, épouser la mère, chacun de nous a été en germe un petit Œdipe, commettant parricide et inceste. Central pour la psychanalyse, le complexe d'Œdipe est l'équation qui fonde le psychisme humain. Enfant mythique de la psychanalyse, le petit Hans parvint à sublimer ses conflits grâce à son goût pour la musique. Devenu chanteur puis metteur en scène d'opéras, il réussit mieux que tout autre, à travers le personnage de Figaro notamment, à rendre sensibles les mouvements et les complexités de l'âme humaine.

« Eh bien, je sais déjà quelque chose sur votre compte ; vous avez eu un père et une mère ! », déclarait Freud à Joan Rivière, une patiente qui entrait pour la première fois dans son cabinet en 1922[1].

Tel est le destin humain. Chacun appartient à une famille, à une fratrie, à une suite de générations dont il est l'héritier. Personne n'échappe à sa généalogie. Même si on le souhaitait, on ne peut naître de soi-même, seulement se réapproprier la singularité de ses origines, porter un regard différent, un regard à soi, sur ce qui nous a engendré, réinventer le passé d'où l'on vient et s'ouvrir au monde.

Au cœur de son auto-analyse, le 15 octobre 1897, Freud écrit à son ami Fliess :

1. Ernest Jones, *La Vie et l'Œuvre de Sigmund Freud*, tome 2, PUF, 1961, p. 429 et Lydia Flem, *La Vie quotidienne de Freud et de ses patients*, Hachette, 1986, p. 103.

> J'ai trouvé en moi, comme partout ailleurs, des sentiments d'amour envers ma mère et de jalousie envers mon père, sentiments qui sont, je pense, communs à tous les jeunes enfants.

L'association avec *Œdipe Roi* lui vient aussitôt sous la plume :

> La légende grecque a saisi une compulsion que tous reconnaissent parce que tous l'ont ressentie. Chaque auditeur fut un jour en germe, en imagination, un Œdipe et s'épouvante devant la réalisation de son rêve transposé dans la réalité[2].

Si le père de la psychanalyse n'avait pas eu une passion pour la Grèce ancienne, signe de son appartenance à la culture allemande, il aurait sans doute nommé sa découverte « complexe de Hamlet ». Le héros de Shakespeare lui semble également confirmer son intuition théorique mais c'est à Œdipe qu'il offre d'incarner le pivot des structures élémentaires de la psyché.

Le héros tragique de Sophocle est connu depuis bien avant le Ve siècle puisque déjà Homère y fait allusion dans son *Odyssée*. La légende œdipienne se rattache en réalité à un vaste ensemble mythique, centré sur les origines de Thèbes. Freud n'a retenu que l'intrigue d'*Œdipe Roi*, qu'il résume ainsi :

> Œdipe, fils de Laïos, roi de Thèbes, et de Jocaste, est exposé dès le berceau parce que, dès avant sa naissance, un oracle a prévenu son père que ce fils le tuerait. Il est sauvé ; on l'élève, comme le fils du roi (Polybe), dans une cour étrangère ; mais, ignorant sa naissance, il interroge un oracle. Celui-ci lui conseille d'éviter sa patrie, parce qu'il y serait le meurtrier de son père et l'époux de sa mère. Comme il fuit sa patrie supposée, il rencontre le roi Laïos et le tue au cours d'une dispute qui a éclaté brusquement. Il arrive ensuite à Thèbes où il résout l'énigme du sphinx qui barrait la route et, en remerciement, reçoit des Thébains le titre de roi et la main de Jocaste. Il règne longtemps en paix et a, de sa mère, deux fils et deux filles. Brusquement la peste éclate, et les Thébains interrogent à nouveau l'oracle. Ici commence la tragédie de Sophocle. Les messagers apportent la réponse de l'oracle : la peste cessera quand on aura chassé du pays le meurtrier de Laïos. [...] La pièce n'est autre chose qu'une révélation progressive et très adroitement mesurée - comparable à une

2. Sigmund Freud, *La Naissance de la psychanalyse*, PUF, 1956, p. 198.

psychanalyse - du fait qu'Œdipe lui-même est le meurtrier de Laïos, mais aussi le fils de la victime et de Jocaste. Épouvanté par les crimes qu'il a commis sans le vouloir, Œdipe se crève les yeux et quitte sa patrie. L'oracle est accompli[3].

Freud nous a rendu Œdipe si familier qu'il nous semble appartenir à notre propre roman familial, pourtant nous connaissons souvent mal la généalogie de ce roi aveugle[4].

La famille d'Œdipe

Cadmos
|
Polydoros
|
Labdacos
|
Laïos + Jocaste
|
Œdipe + Jocaste
|
Étéocle Polynice Antigone Ismène

Œdipe - *Oidipous* - signifie en grec « pied enflé ». En effet, dès sa naissance il fut exposé au sommet du mont Cithéron, les chevilles entravées par une courroie et c'est l'enflure provoquée par cette blessure qui lui donna son nom. Il est le fils de Laïos (« le gauche ») et le petit-fils de Labdacos (« le boiteux »). Labdacos est lui-même le fils de Polydoros et le petit-fils de Cadmos, héros fondateur de Thrace, qui combattit victorieusement un dragon puis planta, sur les conseils de la déesse Athéna, les dents de l'animal ; c'est ainsi que sortirent de terre des hommes armés. Dès l'origine de la lignée familiale d'Œdipe se pose la question de la naissance des humains : sont-ils des autochtones, des êtres semés et nés du sol, ou sont-ils engendrés par l'union de deux êtres différents, d'un homme et d'une femme ? La Grèce ancienne semble

3. *L'Interprétation des rêves*, PUF, p. 228.
4. À ce propos voir Jean-Pierre Vernant, *Entre mythe et politique*, Le Seuil, 1996.

avoir toujours eu beaucoup de peine à accepter cette deuxième proposition[5].

Le roi Polydoros mourut alors que son fils, Labdacos, n'était encore âgé que d'un an ; aussi le trône fut-il occupé d'abord par son grand-père, puis par son grand-oncle avant de lui revenir de droit. L'histoire se répéta à la génération suivante puisque Labdacos lui-même mourut avant que son fils Laïos soit en âge de régner. Comme des étrangers s'emparèrent du royaume, Laïos trouva refuge auprès de Péléops, mais il trahit l'hospitalité de son hôte en enlevant le fils de ce dernier, Chrysippos, et en concevant une passion homosexuelle pour lui. Pélops maudit Laïos et lui prédit qu'il serait tué par son fils. Pélops lui-même avait été mangé en ragoût par son père Tantale, reconstitué ensuite par les dieux puis enlevé et aimé de Poséidon avant de poursuivre son destin humain.

Pour éviter que la malédiction ne se réalise, Laïos voulut refuser à sa femme une descendance et lorsqu'un enfant naquit, il le fit exposer afin qu'il meure. Ainsi donc, le parricide involontaire (inconscient, dit Freud) d'Œdipe fut-il précédé par la tentative, volontaire, d'infanticide de Laïos.

Les mythes grecs nous présentent l'étendue des passions humaines. À travers la famille d'Œdipe s'illustrent les dissonances du pouvoir et de la sexualité. Sans doute Freud a-t-il, pour sa démonstration, préféré mettre l'accent sur les crimes du fils plutôt que de montrer la violence du père et de la mère. Au complexe d'Œdipe, on pourrait adjoindre un « complexe de Laïos » et un « complexe de Jocaste ». Les fantasmes inconscients d'amour et de mort sont réversibles, ils appartiennent à chaque génération. Un fils désire tuer son père, un père souhaite la mort de son fils. Un fils veut s'accoupler à sa mère, une mère éprouve du désir sexuel pour son enfant[6].

Relisons la tragédie de Sophocle au moment où Œdipe raconte à Jocaste comment il a croisé un vieillard :

Près de la jonction des deux routes, sur une voiture attelée de jeunes

---

5. Nicole Loraux, *Né de la terre. Mythe et politique à Athènes*, Le Seuil, 1996.
6. Pour l'Œdipe au féminin, plus complexe encore, voir Marie-Christine Hamon, *Pourquoi les femmes aiment-elles les hommes et non pas plutôt leur mère ?*, Le Seuil, 1992.

chevaux et précédée d'un piqueur, un homme répondant au signalement que tu m'indiques s'avance dans mon chemin. Le conducteur, puis le vieillard lui-même veulent m'écarter violemment du passage. Furieux, je frappe le premier, qui me poussait contre le talus. Alors le vieillard, guettant le moment où je passais le long du véhicule, m'atteignit de deux coups d'aiguillon, en plein sur le crâne. Il n'en a pas été quitte au même prix. À l'instant même, assommé d'un coup de mon bâton, il tombe à la renverse et roule à bas de la voiture. J'ai tué tout le monde...

Jocaste ne soupçonne-t-elle pas l'horreur de la situation ? N'a-t-elle donc pas reconnu la cicatrice aux chevilles que porte son royal époux ? Elle tente de décourager Œdipe dans son enquête. Comme ce dernier s'inquiète d'avoir peut-être commis l'inceste sans le savoir, elle pense le rassurer par ces mots :

> La menace de l'inceste ne doit pas t'effrayer : plus d'un mortel a partagé en songe le lit de sa mère. Pour qui sait surmonter ces frayeurs, comme la vie est plus simple !

Œdipe poursuit sa recherche des origines ; Jocaste se fâche presque :

> Au nom des dieux, mon ami, si tu tiens à ta vie, abandonne ces recherches. C'est assez de ce que je souffre.

Le héros insiste, Jocaste également :

> Infortuné ! puisses-tu ne jamais savoir qui tu es !

Il est trop tard désormais. Le roi Œdipe n'est pas coupable d'avoir commis les deux plus horribles crimes humains : tuer celui qui vous a donné la vie et féconder celle qui vous a engendré, il est coupable d'avoir voulu savoir qui il était, d'avoir voulu dévoiler ses origines. Dans un dernier geste de proximité, alors qu'il découvre sa femme-mère pendue à une écharpe, il arrache les épingles dorées qui ornaient le vêtement de la morte et les porte à ses paupières pour enlever à ses yeux le jour qu'elle lui avait donné.

Une dernière lecture encore. Quelques phrases prononcées par le chœur nous indiquent qu'il est un crime plus caché que le héros a commis sans le savoir, c'est l'union incestueuse avec son père, ce que Françoise Héritier appelle « l'inceste du deuxième type[7] », le partage entre deux personnes apparentées d'un (ou d'une) même partenaire sexuel(le). Il ne s'agit pas d'un inceste hétérosexuel qui peut troubler l'ordre public par une naissance inclassable mais d'une rencontre des humeurs de deux corps identiques en un même lieu. Nicole Loraux résume ainsi la question : « Au fond de la mère, trouver le père ?[8] » Le texte de Sophocle est parfaitement explicite :

> Hélas ! illustre Œdipe, se peut-il
> que, pour l'amour, le même havre
> ait abrité le fils après l'époux ?
> Ah ! comment le sillon que féconda ton père,
> misérable, a-t-il jamais pu,
> a-t-il pu sans crier te subir si longtemps ?

Ainsi donc, Œdipe n'est-il pas seulement incestueux parce qu'il s'est uni avec sa mère mais également parce qu'il a déposé sa semence là où son père avait auparavant offert la sienne. Il a « été révélé père par le lieu où [il a] été labouré », dit le poète grec. Père et fils ont partagé la même épouse, or cette conjonction du même est prohibée. C'est « l'impensable absolu », écrit Françoise Héritier. L'identité est improductive :

> Il faut à la reproduction, tant biologique que sociale, de la différence, mâtinée d'un peu d'identité [...] ou de l'identité, mâtinée d'un peu de différence. [...]

La prohibition de l'inceste, comme l'a montré Claude Lévi-Strauss, conduit à l'exogamie, à l'échange des beaux-frères, à la naissance de liens sociaux. Et Françoise Héritier ajoute :

> L'impensable absolu, peut-être parce qu'il ne peut être qu'improductif, à l'instar de la masturbation, de l'homosexualité, des rapports pendant les règles, de la zoophilie ou de la nécrophilie (tous actes en général explicitement condamnés), c'est le rapport sexuel entre des identiques parfaits. Impensable honni, impensable rêvé[9]...

Si Œdipe a tenu tête à la femme-lion qui terrorisait Thèbes, il

7. Françoise Héritier, *Les Deux Sœurs et leur mère. Anthropologie de l'inceste*, Odile Jacob, 1994.
8. Nicole Loraux, « L'empreinte de Jocaste », *in L'Écrit du temps*, 1986.
9. Françoise Héritier, *op. cit.*, p. 365.

n'a cependant pas échappé au destin que lui réservaient les dieux. Les deux énigmes qu'il a su résoudre théoriquement racontent en même temps l'intolérable chaos qu'il incarne. La première question du sphinx sur les trois âges de la vie est bien connue :

> Quel est l'être qui marche tantôt à deux pattes, tantôt à trois, tantôt à quatre, et qui, contrairement à la loi générale, est le plus faible quand il a le plus de pattes ?

La deuxième devinette se pose en termes d'enfantement et de confusion du même :

> Ce sont deux sœurs, dont l'une engendre l'autre, et dont la seconde, à son tour, est engendrée par la première. Qui sont-elles ?

La réponse d'Œdipe, qui fit périr de dépit le monstre, était : ces deux sœurs sont la Nuit et la Journée. En délivrant la ville de Thèbes du sphinx dévorateur, Œdipe conquiert le trône qui aurait dû légitimement lui revenir par succession. Lui qui fut capable de démêler les ruses d'un hybride mi-bête mi-femme, n'entrevit pas qu'il était lui-même soumis à des confusions qui mettent en péril l'équilibre humain. Jean-Pierre Vernant souligne ce paradoxe :

> Lucide et aveugle, innocent et cependant coupable, le déchiffreur d'énigmes est pour lui-même cette énigme qu'il ne peut déchiffrer.

Dans son analyse du mythe, Vernant montre qu'Œdipe est coupable de mêler en lui-même les trois générations d'âge qui doivent se suivre sans jamais se confondre ni se chevaucher au sein d'une lignée familiale. Faute de distinction nette, de succession régulière, il n'est plus de positions stables, plus d'ordre dans la Cité.

> Les deux crimes qu'il a commis sans le savoir ni le vouloir l'ont rendu, lui, l'adulte, ferme sur ses *deux pieds*, semblable à son père, s'aidant de son bâton, vieillard à *trois pieds* dont il a pris la place au côté de Jocaste, semblable du même coup à ses petits-enfants marchant encore à *quatre pattes*[10].

Un fils ne peut être le mari de sa mère et tout à la fois le frère

10. Jean-Pierre Vernant, *op. cit.*, p. 331.

et le père des enfants de celle-ci. La vie en société n'est possible que si sont respectées la différence des sexes et celle des générations. La succession du pouvoir n'est stable et continue que si les fils prennent la place des pères au bon moment, selon l'ordonnance prescrite et non dans la violence. Dans la lignée œdipienne, il y a un gauchissement, une boiterie dans les liens de parenté comme dans la succession troublée de la royauté. La tragédie d'Œdipe raconte la difficulté pour les humains de vivre en bonne harmonie au sein de l'espace politique comme au sein de la famille, et la nécessité de réguler les échanges - ni trop proches, ni trop lointains - pour éviter la transgression et permettre une harmonieuse reproduction sociale et biologique ; et un sain développement psychique, ajoute au XXe siècle la psychanalyse.

Disparition du complexe d'Œdipe

Sigmund Freud ajoute une nouvelle version au mythe grec. Il invite chacun à reconnaître que, dans son for intérieur, à son insu, il éprouve des sentiments interdits pour ses deux parents et qu'il faut dépasser ces pulsions d'amour et de haine. L'expression « complexe d'Œdipe » n'apparaît qu'en 1910 et c'est dans une note de 1920, ajoutée aux *Trois Essais sur la théorie sexuelle*, que le psychanalyste formule la nécessité imposée à tous :

> Chaque nouvel arrivant dans le monde humain est mis en devoir de venir à bout du complexe d'Œdipe ; celui qui n'y parvient pas est voué à la névrose[11].

En même temps que les fantasmes incestueux sont surmontés, s'accomplit ce que Freud considère comme une des réalisations psychiques les plus déterminantes, mais aussi les plus douloureuses, de la période pubertaire : l'*affranchissement de l'autorité parentale* grâce auquel seulement est créée « l'opposition entre la nouvelle et l'ancienne génération, si importante pour le progrès culturel ». Pour la psychanalyse, le complexe d'Œdipe ne renvoie pas

11. Freud, *Trois Essais sur la théorie sexuelle*, Gallimard, 1987, p. 170.

seulement à la situation triangulaire de l'enfant avec ses deux parents mais constitue l'équation fondatrice du psychisme humain. Il traduit l'obligation de renoncer aux désirs incestueux et parricides pour porter ses forces vives vers l'identification au rival de même sexe et accepter de différer les satisfactions immédiates pour les réaliser plus tard, à l'âge adulte, en dehors de sa famille d'origine. Le complexe d'Œdipe marque une double différence : celle de la différence des sexes et celle de la différence des générations. Il énonce la nécessité pour le désir humain de se plier à une loi qui limite et encadre ses pulsions. L'inceste est non seulement meurtrier - jouir pleinement de la mère suppose pour le fils de tuer le père - mais également mortifère puisqu'il engendre la confusion, l'indifférenciation, le chaos social, biologique et psychique. La résolution du complexe d'Œdipe est la condition de la différenciation, de la maîtrise du symbole et donc de l'accès à tous les systèmes symboliques de vie en société que sont l'organisation du travail, la vie amoureuse génitale et la création d'une nouvelle famille, mais aussi la curiosité et la spéculation intellectuelles, la culture et, d'une manière globale, l'ouverture au monde.

Le petit Hans ou l'enfant mythique de la psychanalyse

L'avancée théorique freudienne repose sur trois sources conjointes et indissociables : la parole des patients en souffrance, l'auto-analyse de Freud et l'élargissement par la culture à l'universel. Pour mettre au jour le complexe d'Œdipe, le Viennois s'appuie à la fois sur ses propres rêves, souvenirs d'enfance et fantasmes, sur sa connaissance des mythes grecs mais aussi sur la reconstruction de l'enfance de ses patients adultes ainsi que sur l'observation de jeunes enfants.

L'un d'eux, le plus célèbre, qu'il surnomme *le petit Hans*[12],

12. S. Freud, « Analyse d'une phobie chez un petit garçon de 5 ans (le petit Hans) » (1909), *in Cinq Psychanalyses*, PUF, 1975. Voir également Renate Schlesier, « Recherches et angoisses d'un très jeune mythologue. À propos du "petit Hans" », *in Le Genre humain*, 10, « Le masculin », printemps-été 1984.

occupe une place essentielle dans son élaboration du complexe d'Œdipe et de l'angoisse de castration, ainsi que dans sa réflexion sur les théories sexuelles infantiles. Le père de l'enfant, Max Graf, musicologue, fut un des premiers disciples de Freud et, à ce titre, soumit à son maître les notes d'observation qu'il écrivait en suivant le développement chez son fils d'une forte phobie des chevaux.

À peine âgé de trois ans, le petit garçon manifeste une curiosité à l'égard de la différence entre les hommes et les femmes. Il demande un jour à sa mère si celle-ci possède également un « fait-pipi », un *Wiwimacher.* « Bien entendu, pourquoi ? », répond la mère, sans préciser s'il s'agit ou non du même organe que celui de son fils. Pour Freud, qui construit sa théorie de la primauté phallique, il est évident que Hans se demande si sa mère possède un pénis comme lui. Il suppose que les enfants découvrent qu'il y a deux sortes d'êtres humains, ceux qui portent un pénis et ceux qui en sont privés. Espérant soulager la phobie du petit garçon, le père de la psychanalyse propose au père de l'enfant de lui expliquer que les filles et les femmes ne possèdent pas de « fait-pipi » (de pénis, veut dire Freud).

La naissance d'une petite sœur permet à Hans de faire une observation (scandaleuse ?) qui reste sans explication : « Mais de mon *Wiwimacher* ne sort pas de sang. » Personne ne nomme à l'enfant la dualité des sexes. Ni la différence de mots, ni celle des fonctions ne sont réellement explicitées. La révélation que les êtres féminins sont dépourvus de pénis éveille chez Hans, pense Freud, une angoisse de castration qui va le conduire à renoncer à ses désirs œdipiens. Freud n'entend pas la recherche obstinée du petit garçon pour faire dire aux adultes que les femmes possèdent un vagin et les hommes un pénis et que de la conjonction des deux naissent les enfants. Cependant, comme le petit investigateur interroge malicieusement son père : « Comment font-elles donc *Wiwi,* si elles n'ont pas de *Wiwimacher* ? », ce dernier est bien obligé de faire une concession à la théorie freudienne et d'affirmer : « Elles n'ont pas un *Wiwimacher* tel que le tien. »

Le petit Hans reconnaît petit à petit la multiplicité de ses sentiments œdipiens (haine et tendresse pour le père, désir incestueux pour la mère et envie à son égard pour ses capacités reproductrices) et, comme il est un petit mythologue plein d'astuces et d'invention, il imagine une nouvelle issue au mythe d'Œdipe. Plutôt que de tuer son père, il offre à celui-ci d'épouser sa mère à lui (c'est-à-dire sa grand-mère), en échange de quoi il pourrait sans culpabilité épouser sa propre mère. Pour échapper à l'angoisse de perdre son sexe, comme il en a été menacé, il fantasme un plombier qui lui enlèverait le sien mais lui fournirait, en échange, un plus grand fait-pipi. Quant à l'envie d'avoir des enfants, ses rêveries lui en fournissent autant qu'il en souhaite. « Tu as ainsi pensé que tu étais leur maman ? », interroge son père. Hans réplique en corrigeant : « J'étais aussi vraiment leur maman. » Le père insiste : « Mais de qui as-tu pensé que tu avais eu les enfants ? » Et l'enfant, triomphant : « Na ! de moi. »

Sans reprendre ce fantasme de grossesse masculine, et l'envie du féminin qu'il traduit, Freud souligne dans son commentaire les capacités de refoulement de l'enfant mais également de sublimation. Le père observe très tôt qu'à côté des symptômes phobiques, le petit Hans développe également un intérêt et des dons croissants pour la musique, ce qui paraît d'un bon pronostic au docteur Freud, qui conclut :

> Tout finit bien. Le petit Œdipe a trouvé une solution plus heureuse que celle prescrite par le destin.

Voi che sapete...

Herbert Graf fait ses débuts de chanteur lyrique à l'âge de vingt-deux ans, en 1925, puis devient rapidement metteur en scène d'opéras.

Engagé au Metropolitan Opera de New York en 1936, il est nommé plus tard directeur de l'Opéra de Zurich (1960-1962) et de Genève (1965-1973). Le 13 juin 1966, « le petit Hans » fait représenter en première mondiale *La Mère coupable*, un opéra de Darius Milhaud d'après la dernière pièce de la trilogie espagnole de Beaumarchais[13]. Est-ce parce qu'il soupçonna, enfant, que sa mère trompait son père (et lui-même) avec un cocher ?

Jusqu'à sa mort, à Genève le 5 avril 1973, il ne cesse jamais de mettre en scène tous les mouvements de l'âme humaine. Sans relâche, avec pour complices les plus grands chefs d'orchestre et les meilleurs chanteurs, il indique comment interpréter les nuances infinies et complexes des sentiments humains. Le « petit Hans » monte tous les grands opéras du répertoire, de Mozart, Verdi, Strauss, Debussy ou Wagner. Sa première réalisation est consacrée aux *Noces de Figaro* de Mozart, cet opéra d'apprentissage, où Chérubin incarne merveilleusement l'amour naissant, l'Amour même, l'Éros comme aurait dit le Professeur.

Voi che sapete
Che cosa è l'amor
Donne, vedete
S'io l'ho nel cor.

Vous qui savez
Ce qu'est l'amour
Femmes, voyez
Si je l'ai dans le cœur.
[...]
Je cherche quelque chose
Hors de moi-même :
Je ne sais qui le possède,
Je ne sais ce que c'est.

Hans-Herbert sait-il que Freud, bien qu'il se soit toujours défendu d'aimer la musique, appréciait les opéras de Mozart et que le personnage de Figaro dans les *Noces* l'intéressa particulièrement, au point de s'identifier à lui et de se voir en rêve sous ses traits, chantant l'air hardi et révolutionnaire : *Se vuol ballare, signor Contino*, « S'il veut danser, Monsieur le petit comte, de la guitare je lui jouerai ». Jeune homme, Freud avait été voir une représentation de la pièce de Beaumarchais à la Comédie-Française. Dans

13. Je remercie Josyane Praz de Genève de m'avoir fait connaître cet opéra de Milhaud et son lien avec « le petit Hans ».

le rêve du « comte Thun » (août 1898), la figure de Figaro incarne l'opposition au père porteur des interdits et le désir de revanche à son égard. Des sentiments rebelles et frondeurs contre l'autorité paternelle, et contre l'autorité politique, se mêlent à l'évocation de la scène primitive et des désirs œdipiens.

Figaro, un Œdipe de comédie[14]

Marceline + Bartholo
Figaro + Suzanne

Chérubin + Rosine + Comte Almaviva + ?
Léon un fils † Florestine

Enfant, Figaro fut enlevé à sa mère par un chef bohémien et élevé - comme Œdipe - dans l'ignorance de sa véritable famille. Seule une marque, non pas aux chevilles mais au bras droit, jadis appliquée par son père à la spatule rougie en signe de reconnaissance, permettra à « Emmanuel » d'être légitimé par ses parents... au moment précisément où il allait s'unir à sa mère. Beaumarchais réserve ce coup de théâtre pour *Le Mariage de Figaro*, sa deuxième pièce, où l'on apprend qu'il est le fils naturel du docteur Bartholo et de la gouvernante Marceline.

Dans sa première comédie, *Le Barbier de Séville*, l'auteur ne révèle pas encore la véritable identité de son héros, seuls quelques indices fortuits peuvent être repérés. Un vieillard abusif et dupé, le triomphe de l'amour entre deux jeunes gens, beaux, nobles et bien assortis, sont des thèmes qui appartiennent aux intrigues

14. Voici une courte chronologie de la trilogie de Beaumarchais et des œuvres qu'elle inspira. **1775 :** *Le Barbier de Séville ou La Précaution inutile*, comédie en 4 actes de Beaumarchais (Paris, 23 février). **1782 :** *Il Barbiere di Siviglia ossia La Precauzione inutile*, opéra en 2 actes de G. Paisiello (Saint-Pétersbourg, septembre), livret de G. Petrosellini. **1784 :** *La Folle Journée ou Le Mariage de Figaro*, comédie en 5 actes de Beaumarchais (Paris, 27 avril). **1786 :** *Les Noces de Figaro*, opéra en 4 actes de Mozart (Vienne, 1er mai), livret de L. Da Ponte. **1797 :** *L'Autre Tartuffe ou La Mère coupable*, drame en 5 actes de Beaumarchais (Paris, 5 mai ou 16 floréal an V). **1816 :** *Il Barbiere di Siviglia*, opera buffa en 2 actes de Rossini (Rome, 20 février), livret de C. Sterbini. **1824 :** *Vie de Rossini*, Stendhal. **1966 :** *La Mère coupable*, opéra en 3 actes de Darius Milhaud (Genève, 13 juin), livret de Madeleine Milhaud. **1990 :** La Comédie-Française propose, dans une mise en scène de Jean-Pierre Vincent, la pièce de Beaumarchais, *La Mère coupable*.

traditionnelles de la Commedia dell'Arte. Sur le mode de la comédie et du rire, la violence de la compétition au sein de la famille est mise en scène. Toujours deux générations s'affrontent pour la possession des mêmes objets sexuels et matériels. Il ne s'agit pas seulement d'amour mais aussi d'argent. Désir et or circulent entre les personnages.

Figaro doit trois ans de loyer à Bartholo et ne compte pas les rembourser, le comte offre une bourse au barbier pour qu'il l'aide dans son entreprise, et le docteur se console de la perte de sa pupille parce que le comte lui cède la dot de celle-ci. Rosine perd l'argent qui lui venait de ses parents disparus mais, en échange, échappe à une alliance incestueuse, grâce au soutien de Figaro, qui est presque un frère pour elle, et qui lui-même se venge d'un père qui n'a pas voulu le reconnaître. Devenue comtesse, Rosine favorise les épousailles de Figaro avec la spirituelle Suzanne, contre la volonté de son mari et celle de Marceline. Tour à tour, Rosine et Figaro échappent, de justesse, à un mariage incestueux. C'est sur le mode faussement léger du XVIIIe siècle que la violence amoureuse et meurtrière qui agite les familles humaines est ici représentée.

Si la figure paternelle est ridiculisée dans *Le Barbier de Séville*, en la personne du vieux docteur Bartholo, c'est l'autorité du comte qui est bousculée dans *Le Mariage de Figaro*. Son ancien complice Figaro devient son rival car il a de l'inclination pour sa fiancée, Suzanne, la jolie femme de chambre de son épouse. Le comte promet à la camériste de la marier à son valet à la condition qu'elle se donne d'abord à lui. Si elle refuse, il obligera Figaro à épouser la vieille Marceline, qui le réclame en échange d'une reconnaissance de dette. Cette dernière, après avoir vainement tenté de se faire épouser par Bartholo, lui demande d'appuyer son mariage avec le joyeux valet. Le docteur, qui n'a pas pardonné à son ancien barbier, se réjouit de la ruse :

> Parbleu, c'est un bon tour que de faire épouser ma vieille gouvernante au coquin qui fit enlever ma jeune maîtresse.

Ainsi donc, le père encouragerait les noces du fils avec la mère.

Un procès a lieu, Figaro doit décliner son identité et la vérité éclate enfin. Le fils retrouvé reconnaît avoir voulu assommer vingt fois celui qui l'a engendré et lui demande de l'excuser ; quant à Marceline, il l'invite à oublier les mouvements passionnés qu'elle a ressentis pour lui :

> Et vous, ma mère, embrassez-moi... le plus maternellement que vous pourrez.

Dans la troisième pièce, *La Mère coupable*, écrite après la Révolution, il ne s'agit plus d'éviter (ou de désirer) l'inceste père-fille ou mère-fils, mais au contraire de favoriser l'union frère-sœur. Figaro démasque un Tartuffe qui s'était introduit dans la famille du comte et de la comtesse pour lui ravir sa fortune, salir l'honneur d'une mère en révélant un enfant du péché, et s'emparer ainsi de la jeune héritière.

Rosine et Almaviva ont eu ensemble un enfant, mort à présent, et chacun d'eux un enfant adultérin : Florestine (que le comte fait passer pour sa filleule et dont on ne connaît pas la mère) et Léon (né des amours de la comtesse avec Chérubin, son jeune pupille mort au champ d'honneur). Les deux jeunes gens sont amoureux l'un de l'autre, mais l'intrigant Tartuffe, pour détourner Florestine de Léon, leur révèle qu'ils sont frère et sœur et que leurs amours sont interdites. Figaro, fidèle valet, fait échouer la conspiration, et le comte et la comtesse unissent leurs enfants naturels en se pardonnant l'un à l'autre leur faute du passé.

> LÉON, *parlant du traître.* - Ma sœur, il nous a tous joués !
>
> FLORESTINE, *au comte.* - Monsieur, il m'appelle sa sœur !
>
> LA COMTESSE, *exaltée.* - Oui, Floresta, tu es à nous. C'est là notre secret chéri. Voilà ton père ; voilà ton frère, et moi je suis ta mère pour la vie. Ah ! garde-toi de l'oublier jamais ! *(Elle tend la main au comte.)* Almaviva ! pas vrai qu'elle est ma fille ?
>
> LE COMTE, *exalté.* - Et lui, mon fils : voilà nos deux enfants. *(Tous se serrent dans les bras l'un de l'autre.)*

Le rideau tombe sur ce « secret chéri » qui scelle la réconciliation des époux. Aujourd'hui, certains se demanderont à quel prix ce pardon mutuel a lieu et qui en portera le poids ? De nombreux psychanalystes et anthropologues s'efforcent de mettre en lumière des lois générales du comportement humain. Freud, pour imposer sa découverte et lui donner un caractère scientifique, voulait prouver que l'inconscient est universel et intemporel. Beaucoup continuent de le croire. Il me semble néanmoins essentiel de rappeler que les relations familiales ont une histoire et qu'elle n'a donc pas toujours été celle que nous connaissons à présent. La prohibition de l'inceste et le désir incestueux n'ont été ni vécus ni représentés de la même manière à travers le temps et l'espace. Si les contraintes caractérisant l'interdit de l'inceste peuvent former des modèles invariants, il n'en reste pas moins vrai que ceux-ci trouvent des formulations, des mises en scène résultant à leur tour d'autres contraintes qui sont précisément celles de l'histoire et de ses contextes.

L'inceste comme utopie politique

La famille au XVIIIe siècle ne constitue pas encore une structure affective, elle est une unité économique, politique et sociale régentée par le père. Il exige de tous - épouse, enfants ou toute personne demeurant sous son toit et dont il a la charge - obéissance et soumission. La maison familiale est à l'image du royaume, l'autorité paternelle s'exerce comme le pouvoir souverain, d'une manière absolue. Pouvoir royal et pouvoir domestique s'appuient l'un sur l'autre pour assujettir chacun et reproduire un fonctionnement basé sur l'inégalité et la hiérarchie. Les enfants d'une famille ne sont pas des individus libres de leurs désirs, ils ne sont que des « morceaux » de famille, qui doivent, en principe, se plier aux stratégies décidées par le père.

Par la mise en scène de l'inceste, la littérature du XVIIIe siècle tente d'inventer de nouveaux liens familiaux pour penser de nouveaux rapports politiques et sociaux[15]. Si la vieille génération ne peut plus imposer ses conditions à la jeune génération, si celle-ci décide librement de ses choix amoureux, le fondement de la société

15. Je remercie Wilda Anderson, professeur à l'université Johns-Hopkins de Baltimore, pour les discussions que nous avons eues à ce sujet, ainsi que de m'avoir fait connaître le travail (encore inédit) de Martine Voiret, de la Clark University, sur l'inceste dans la littérature française du XVIIIe siècle.

patriarcale vacille. En particulier, certaines œuvres littéraires s'appuient sur la figure utopique d'une relation incestueuse frère-sœur pour illustrer la volonté d'une humanité libérée, basée sur l'égalité de ses membres, unie par l'amour et la réciprocité, tous semblables puisque du même sang.

Si l'inceste père-fille ou mère-fils est apparu longtemps comme un effroyable abus de pouvoir, une curieuse transformation s'opère dans les fictions du XVIIIe siècle. L'inceste se charge d'un tout autre sens. Le père incestueux n'incarne plus la Loi, il se présente comme une instance qui, au contraire, se veut libératrice, annulant la distance autoritaire et hiérarchique entre père et enfant. Le modèle aristocratique disparaît au profit d'un modèle « bourgeois » d'un père tendre, aimant, cherchant à créer avec ses enfants une intimité et une intensité affectives.

Final

Claude Lévi-Strauss analyse l'inceste (consommé) comme le refus de prendre part aux cycles d'échanges nécessaires au fonctionnement de la société, comme l'expression d'un « désir de désordre ou plutôt de contre-ordre ». Freud insiste par ailleurs sur une double nécessité : rompre avec ses désirs de *réalisation incestueuse* et se familiariser avec le *fantasme incestueux* sans craindre dans le choix amoureux de rencontrer celle ou celui qui nous rappelle une douce et ancienne familiarité. Dans ses « Contributions à la psychologie de la vie amoureuse », le psychanalyste écrit ces mots provoquants, à méditer :

> Ce que je vais dire est déplaisant à entendre et au surplus paradoxal, mais on est pourtant forcé de le dire : pour être, dans la vie amoureuse, vraiment libre et, par là, heureux, il faut [...] s'être familiarisé avec la représentation de l'inceste avec la mère ou la sœur[16].

Jocaste avait sans doute raison : *plus d'un mortel a partagé en*

16. S. Freud, *in La Vie sexuelle*, PUF, 1977, p. 61.

songe le lit de sa mère. Pour qui sait surmonter ces frayeurs, comme la vie est plus simple !

Et s'il fallait à chaque enfant, pour devenir un être humain, parcourir ce chemin, qui va du désir incestueux à son déplacement, mais aussi du fantasme d'être aimé incestueusement à la certitude d'être protégé de cette transgression ?

Lydia Flem-Olender

Hamlet et la violence d'aimer

Gisèle Venet

Comment comprendre l'impuissance d'Hamlet à venger son père mort ? Comment expliquer sa carence, son recours à Hécube pour dénoncer le crime commis, la violence faite au père ? La souillure intime n'a pas de mots pour se dire. À la tragédie d'Hécube pleine de cris et de sang s'oppose la tragédie blanche et silencieuse d'Hamlet. Tout y est perverti, même la violence d'aimer.

Hamlet nous y engage - « Venons-en à Hécube[1] » - après qu'il a lui-même déclamé la mort tragique « des pères, des mères, des filles et des fils », qu'il a décrit leur sang « recuit comme une croûte » par le pavé brûlant d'Ilion, la Troie de toutes les violences infligées à une même famille (II, 2, 454-455). La ville antique à nouveau sous nos yeux s'est embrasée comme une torche, à l'unisson de la perte, lorsque le corps de Priam - l'époux, le père, le roi - a fléchi sous les coups de l'ennemi grec, la « bête immonde » parvenue par la ruse, dans les flancs noirs du monstrueux cheval, jusqu'au cœur de la cité. Hécube - la reine, la mère, l'épouse -, en le voyant tomber, a poussé de nouveau ce cri qui, de texte en texte, de siècle en siècle, se répercute, un cri à faire « emplir de lait les yeux brûlants du ciel », n'était l'indifférence des

1. *Hamlet*, II, 2, 497. Les traductions des œuvres citées sont tantôt celles de Jean-Michel Déprats (le plus souvent), tantôt celles d'Yves Bonnefoy, tantôt, plus rarement, les miennes. Préciser l'origine de chaque citation s'est révélé trop compliqué dans ce contexte. Pour permettre malgré tout un repérage dans les textes, des chiffres entre parenthèses renvoient aux scènes, vers ou lignes d'éditions anglaises, pour *Hamlet* par exemple à celle de Harold Jenkins, The Arden Shakespeare.

dieux, un cri à faire pleurer les hommes, et même cet homme « pour rire » qu'est le comédien de passage disant cette douleur : « Voyez s'il n'a pas changé de couleur et s'il n'a pas les larmes aux yeux ! » (II, 2, 513-515).

Shakespeare feint de se scandaliser qu'un peu de comédie bien dite puisse tant émouvoir celui qui fait pourtant métier d'indifférence, paradoxe du comédien, pour mieux mimer l'horreur tragique :

> Et tout cela pour rien ?
> Pour Hécube !
> Que lui est donc Hécube, et qu'est-il pour Hécube,
> Pour qu'il pleure sur elle ?
> (II, 2, 551-554).

Ce n'est pas le premier acteur qu'elle fait ainsi pleurer. Déjà, si l'on en croit Platon, Ion avait avoué à Socrate qu'en déclamant le pitoyable sort d'Hécube et de Priam, ses yeux se remplissaient de larmes[2]. Et Plutarque, et Montaigne, et Sidney, à loisir, s'en étaient fait l'écho. Mais pour Shakespeare qui écrit la tragédie d'Hamlet, en 1601, et s'agace d'une sensiblerie de comédien, que lui est donc encore Hécube pour que le seul rappel d'une douleur antique et révolue, quel qu'en soit le cheminement jusqu'à lui, renvoie à la carence des mots, à l'impossibilité de mettre le malheur présent en « tirades atroces » comme on avait pu le faire avant lui (II, 2, 557) ? Et que nous est Hamlet ? Et que nous est, à nous, ce « rien », et pourtant ce recours à la légendaire Hécube ? Un simple souvenir littéraire convenu, un passage obligé ? Ou l'obsession d'un mythe et la mise en abîme d'un manque dans le manque à aimer ?

Le viol de la citadelle idéale qu'est Troie se rejoue au présent dans l'esquisse de représentation qu'en donnent Hamlet et le comédien dans l'autre citadelle violée, souillée d'un meurtre et d'un inceste, Elseneur, où un autre roi-père-époux a péri. Le contraste en est d'autant plus violent que, dans *Hamlet*, le malheur s'est accompli sans déploration, sans un cri, sans une épouse-mère-reine,

---

2. « Ion », 535, Platon, *Œuvres complètes*, éd. et trad. L. Robin, Gallimard, « Bibliothèque de la Pléiade », p. 64.

sans même un comédien pour pleurer, si grande est désormais la confusion des genres, « gaîté aux funérailles et chant funèbre au mariage » (I, 2, 12). La tragédie d'Hécube n'est en apparence qu'un pur divertissement d'acteurs dans un moment de vacuité totale de l'action où rien ne semble plus devoir se passer. Pourtant, elle rend présente à nouveau sur la scène tragique la douleur la plus obsédante de tout l'imaginaire occidental, le malheur déjà arrivé. Elle s'inscrit dans la tragédie moderne, elle aussi fondatrice, qu'est *Hamlet*, comme ce « blason terrible » d'une violence initiale, initiatique, « de gueules » sur fond « de sable », « hideusement armorié / Du sang des pères, des mères, des filles et des fils », histoire ancestrale, histoire d'ancêtres qui ne veut pas taire son cri (II, 2, 448-454). Le sang rouge, encore jaillissant, de la famille antique, père, mère, enfants innombrables, se répand à nouveau sur la scène de la tragédie moderne. Mais le cri de l'irréparable, la mort d'un père déplorée par une mère, l'extermination de toute une famille, y résonne dans un silence de mort obsédé d'un seul fantôme, pâle hantise exsangue de la famille moderne. Et *Hamlet*, tragédie commencée dans la solitude d'un doute et la grisaille d'une aube, apparaît bien alors en contrepoint comme tragédie de la mort blanche que dénonce le père fantôme, une tragédie où la violence s'est faite prudence, où un invisible poison « caille » le sang, « comme des gouttes d'acide dans le lait » (I, 5, 69) et en dénature la couleur « sous une croûte immonde et repoussante » (I, 5, 72).

Mort blanche dans *Hamlet* ? Le mot « sanglant » n'est-il pas répété plusieurs fois au dénouement, et Fortinbras, devant l'amoncellement des morts sur le plateau de scène, ne s'en émeut-il pas - « cette curée crie le carnage » ? Ne s'étonne-t-il pas de voir tant de princes « abattus d'un coup si sanglant » (V, 2, 369, 372) ? Et pourtant nul n'y meurt de son sang répandu, pas même Hamlet ni Laërte à l'issue du duel mortel. Laërte se sait perdu de la touche « envenimée » du fleuret, tandis qu'Hamlet confie à Horatio : « Le poison puissant triomphe de mon esprit » (V, 2, 358). La reine ne s'est pas « évanouie à la vue de leur sang » (V, 2, 314), mais meurt pour avoir bu à la coupe qu'elle levait en l'honneur d'Hamlet. Rite de communion familiale pervertie dans une fête truquée, le vin décoloré par la perle empoisonnée qu'y a jetée Claudius devient aussi pour le roi libation meurtrière, sous la contrainte d'Hamlet. Horatio lui-même y porterait les lèvres pour boire à l'amitié et mourir en stoïque, n'était la vigilance d'Hamlet qui le veut pour témoin (V, 2, 346-348).

Après avoir mis en abîme dans la tragédie où tout se décolore l'autre tragédie, incandescente et rouge de sang versé, et fait entendre dans ses tirades pompeuses les mots d'une douleur archaïque encore lourde de sens, c'est maintenant le spectacle de la mort blanche que Shakespeare met à son tour en abîme, ultime effet de théâtre dans le théâtre, dans la tragédie qui ne trouve plus de mots et qui bientôt sera silence :

> Vous qui avez l'air blême et frissonnez à cet événement,
> Simples spectateurs ou figurants muets de ce drame,
> Si j'avais le temps
>   - Oh, je pourrais vous dire -
> Mais laissons...
> (V, 2, 339-342).

Hécube hurlait là où Hamlet se tait. Et l'on ne nous dit pas si le comédien pleure sur Hamlet comme on le faisait tout à l'heure pleurer sur Hécube. « Simples spectateurs ou figurants muets de ce drame », puisque l'on semble s'adresser à nous autant qu'aux personnages sans voix sur la scène, que nous est encore Hamlet, et pourrait-il encore entendre le cri d'Hécube ?

Si Shakespeare fait par deux fois appel au même procédé de mise à distance pour deux moments tragiques à ce point opposés, est-ce pour se conformer simplement aux jeux avec les antithèses qu'aiment les poètes et les artistes baroques, ses contemporains[3] ? Est-ce seulement par ce même goût pour la maîtrise esthétique d'un art mis en vertige dans l'art même qu'elle maîtrise, tableau dans le tableau, théâtre dans le théâtre, tragédie dans la tragédie ? Ou la violence faite à Troie, obsessionnellement représentée, maintient-elle à fleur de texte le mythe de l'amour familial comme un rêve perdu qui ne peut advenir, le rêve terrible et doux d'une violence et d'un amour familial inaccessible et indestructible ?

3. Le baroque européen dans sa première phase - tantôt maniérisme, tantôt gongorisme, tantôt art du « conceit » à l'anglaise - exerce sa pleine influence en Europe de 1580 environ aux années 1620, période pendant laquelle Shakespeare produit toute son œuvre.

Le poète baroque qu'est Shakespeare peut feindre de s'étonner de l'effet prodigieux de la douleur d'Hécube sur l'acteur. Il sait déjà pourtant combien des malheurs de papier, tradition littéraire oblige, ont prêté de formes à l'imaginaire du présent, et à son propre imaginaire, lui qui n'a jamais inventé une histoire et toujours emprunté, même *Hamlet*, aux mots déjà écrits. Il connaît la puissance d'un mythe, rêve collectif comme le désignait Freud. Il a lu les malheurs de Troie aussi dans Virgile, tels qu'ils sont représentés sur le mur visionnaire où Énée contemple dans une fiction peinte le présent de son passé, la destruction de la cité des pères, alors qu'il vient d'aborder, orphelin, au rivage inconnu de Carthage[4]. Et déjà, en 1594, six ou sept ans avant de provoquer la méditation d'Hamlet sur ce « rien » qu'est Hécube, Shakespeare écrit un long poème, *Le Viol de Lucrèce*, dans lequel il projette la fiction dans la fiction, le malheur dans le malheur, le viol de Troie dans le viol de Lucrèce, et la douleur d'Hécube dans le poème de la douleur. Déjà le malheur intime d'une souillure ne peut s'y décrire avec des mots à soi. Lucrèce violée ne peut dire « son chagrin trop certain qu'en mots incertains » (1311), comme Hamlet cherche confusément quelle tragédie latente cherche à se dire par sa propre « chair souillée » (I, 2, 129-158). Lucrèce ne peut formuler les « tirades atroces » qu'imposerait son intolérable souffrance : « Le malheur a fatigué le malheur, les sanglots épuisé les sanglots » (1363), comme Hamlet s'en voudra de ne pas « déchirer nos oreilles d'horribles cris » mieux qu'Hécube (II, 2, 557). Dans ces moments tragiques menacés de silence, il faudra à Hamlet « une fiction, un songe de passion » pour prendre la mesure de sa monstrueuse absence de passion, de son oubli de la violence d'aimer (II, 2, 546), comme il faut à Lucrèce une toile peinte, la représentation d'un malheur ancien, pour « se lamenter d'une façon nouvelle » (1365). Pour Lucrèce déjà, une esquisse de représentation, quelques traits allusifs suffiront à lui redonner accès aux mots du malheur - « beaucoup est laissé au pouvoir d'imaginer » (1422) - comme au théâtre, autre art de l'allusif, un pauvre rond de bois, la scène, suffit, avec quelques bouffons de rien, drapés dans quelque guenille que la

4. *Énéide*, livre I, 453-493.

distance rend somptueuse, par quelques mots, quelques tirades bien dites, à rendre présents des meurtres terrifiants, des civilisations devenues mortelles, des identités qui se désagrègent. Mais pour Lucrèce comme pour Hamlet, le presque rien, l'esquisse d'un tableau qui renouvelle la douleur de Lucrèce, avant le presque rien d'un impromptu d'acteur dans *Hamlet*, c'est encore le visage d'Hécube, emblème de toutes les douleurs. Alors Lucrèce « pleure avec de vraies larmes » devant « les malheurs figurés de Troie », comme le comédien se détourne pour cacher ses pleurs. Enfin, « à la mélancolie dessinée, à la détresse peinte », « elle emprunte un visage, elle prête des mots » (1492-1498), comme Hamlet emprunte à la violence théâtrale du chagrin d'Hécube de quoi faire violence par le théâtre au silence qui pèse sur la tragédie, de quoi confondre le meurtrier de son père en lui montrant son double fictif.

Dans ce contexte d'une répétition par Shakespeare de la même obsession, dans un même jeu d'emboîtements de la fiction dans la fiction, et une même fonction d'emblème, de blason, conférée à la famille antique, qu'est donc Hécube ? Et qu'est-elle à Hamlet ? Dans une écriture en creux, en manque d'être, l'inscription d'une écriture perdue ? L'intuition d'une faillite des mots à dire la violence d'aimer ? La tragédie d'Hécube vient en effet inscrire au plus creux de la tragédie moderne son emblème de sang et de lait où la violence des meurtres révèle obstinément la permanence d'une tendresse, la plénitude archaïque d'avoir eu une famille et la déchirure toujours recommencée de l'avoir perdue. Priam sanglant sous les coups ennemis montre encore « sa tête laiteuse », cheveux trop blancs du patriarche pour une telle mort, mais aussi lait de la tendresse humaine visible toujours malgré l'acte même de violence qui le détruit. Tandis que le lait caille avec le sang dans la tragédie moderne où tout vire de couleur.

Dans la fable des malheurs de Troie, la violence décime une « famille », une collectivité tout entière pensée comme unité de la famille, « les pères, les mères, les filles, les fils », mais dans le même instant la fonde comme l'indestructible mythe de l'amour familial et filial. Tandis que partout où affleure le mythe dans *Hamlet*, tout tend à dire que le mythe n'est plus. La tragédie d'Euripide, *Hécube*, la plus représentée depuis sa création[5], si pathétique que soit la perte des derniers enfants par laquelle elle commence, si révoltante que soit la vengeance d'Hécube sur laquelle elle finit, est encore extrémité de violence qui révèle un amour extrême. Polyxène, dernière fille d'Hécube, sacrifiée aux Grecs, redit en mourant le partage d'un amour lumineux jusque dans l'extrémité du malheur :

> « Ô ma mère chérie, donne-moi ta main bien-aimée et mets ta joue contre ma joue, car voici la dernière fois que je regarde le cercle radieux du soleil » (408-411).

Mais pour Hamlet, le soleil, toujours « trop proche », ne peut désigner que la relation pervertie qu'on lui impose comme fils, à laquelle il répond en s'habillant « couleur de nuit » (I, 2, 67-68). Même Hécube, telle que Shakespeare choisit de la représenter dans *Le Viol de Lucrèce*, déjà voit son « sang bleu », noblesse de toute une famille, « noirci dans ses veines » ; celle qui donna vie à tant d'autres vies regarde « ce qui lui reste de vie emprisonné dans un cadavre » (1454-1456). La douleur de Niobé dans Eschyle, autre représentation obsédante des pleurs d'une mère, ne trouve pour dire la violence faite à une famille que les mots qui continuent la tendresse d'aimer et la montrent « assise à ce tombeau, comme un oiseau, couvant vivante ses enfants morts[6] ». Mais l'éphémère Niobé que fut, « un petit mois », la mère d'Hamlet (I, 2, 147), ne souhaite à son fils que de s'accoutumer à la mort, quotidien poussiéreux qui veut que l'on enterre père après père, sans plus d'affaire, « de toute éternité » (I, 2, 70-74). Est-ce rejet de l'inacceptable banalité d'avoir eu un père et d'avoir dû l'enterrer ? Toutes les mythologies seront convoquées pour rappeler la figure d'exception que fut « ce roi si excellent » : « Les boucles d'Hypérion, le front de Jupiter, / L'œil de Mars qui menace et commande, / La stature pareille à celle du messager Mercure » (III, 4, 56-58). Figure d'excellence du désir - « Si tendre pour ma mère / Qu'il ne permettait pas aux vents du ciel / De toucher trop rudement son visage » (I, 2,

---

5. Dans sa présentation de la tragédie d'Euripide, *Hécube*, Marie Delcourt-Curvers rappelle l'importance de cette figure tragique, et la prééminence de cette tragédie sur toute autre (Euripide, *Théâtre complet*, Gallimard, « Bibliothèque de la Pléiade », 1962).
6. *Niobé*, fragments, trad. Raphaël Dreyfus, Gallimard, « Bibliothèque de la Pléiade », p. 982.

140-142) -, il était aussi objet d'extrême désir - « Elle se pendait à lui / Comme si son appétit de lui croissait / De s'en repaître » (I, 2, 143-145). Et pourtant ce mythe vivant, au contact du présent, s'est bel et bien métamorphosé en spectre lépreux, le désir en luxure, « le lit sanctifié » en « bauge infecte ». Et s'il pouvait faire confidence de ce qu'il sait désormais, « blason d'éternité » (I, 5, 21), ce serait « un récit à figer le jeune sang » d'Hamlet (I, 5, 16).

Dans *Hamlet*, les anciens mythes, les uns après les autres, ne viennent rappeler leur vitalité que pour mieux souligner la portée tragique de leur perte. Le sens même des sacrifices archaïques est objet de sarcasmes jusqu'à leur en faire « perdre le nom d'action », le nom d'action tragique. À l'arrivée des comédiens invités pour distraire Hamlet de sa mélancolie, Polonius, le père d'Ophélie, emplit de paroles mécaniques le vide momentané de la scène, exhibe un savoir pléthorique sur une classification des genres du théâtre qui tourne au catalogue burlesque, discours de cuistre qui ne sert à comprendre ni le théâtre ni le tragique (II, 2, 392-398). Hamlet, caustique, sous couvert de bouffonnerie loufoque, replace au centre de la scène un thème tragique s'il en fut, à l'égard de celui d'Iphigénie - « Ô, Jephté, juge d'Israël, quel trésor tu avais » (II, 2, 400). Mais c'est pour mieux défigurer le sens du récit biblique, en le rabaissant au rang d'une pauvre ballade de rues. Pourtant, par la dérision, c'est encore de la nostalgie d'un lien familial idéal qu'il nous parle, lien que resserre encore la violence faite à l'amour, nostalgie de la violence d'aimer. Le Jephté du récit des *Juges* (XI, 30-40) en effet avait une unique fille, qu'il chérissait par-dessus tout. Quand, grâce à Dieu, il remporta la victoire sur les armées ennemies, il fit vœu d'offrir en sacrifice le premier être vivant qu'il verrait sur sa route au retour. Ce fut sa fille aimante et bien-aimée qui, trop heureuse du bonheur retrouvé, courait à sa rencontre. Et il la sacrifia, l'aimant plus que jamais dans l'instant même où elle en mourait. La comparaison serait désobligeante si Polonius avait les moyens de la comprendre. Par un pacte médiocre avec le roi Claudius qui souhaite sonder la folie d'Hamlet, il vient bien en effet de sacrifier Ophélie - « Je lâche sur lui ma fille » (II, 2, 162) - et Ophélie a consenti au sacrifice : tandis que Claudius et Polonius épieront l'effet de sa présence sur le prince, elle ira à la rencontre d'Hamlet, jusqu'à en mourir.

Shakespeare inverse cruellement la relation d'amour entre Jephté et sa fille en prudence, le sacrifice en obéissance passive et mortifère. Il n'en finit pas de détourner le sens du thème biblique. Il réduit l'amour paternel de Polonius à la méfiance : ce père ne veut voir en Ophélie que la petite fille encore trop verte mais dont le jeune sang « brûle », risque d'amour prodigue selon lui (I, 3, 101-116). À ce moment où Jephté apprend à sa fille qu'elle doit mourir, il substitue la scène brutale où Hamlet, l'instant d'avant « pâle comme sa chemise », dit à Ophélie qu'elle doit se trouver un couvent pour n'enfanter jamais de pécheurs, et ne pas faire de lui un monstre (III, 1, 121-122). Hamlet n'a-t-il pas déjà tourné en dérision macabre tout acte de conception chez celle qui tient le rôle de la chaste fille de Jephté : « Car si le soleil engendre des asticots dans un chien mort, charogne digne d'être embrassée - Vous avez une fille ?... Ne la laissez pas se promener au soleil. Concevoir est une bénédiction, mais la façon dont votre fille peut concevoir - Ami, veilles-y » (II, 2, 181-186) ? L'ironie est violente et violente la défloration de l'amour sans amour, la dénaturation du sang du désir en désir de charogne. Le sacrifice d'Ophélie a bien lieu. La fille de Jephté pleurait au moment de mourir sa virginité désormais inutile, elle qui ne continuerait plus la lignée familiale. Ophélie chante la chanson de la Saint-Valentin, de la virginité donnée pour rien. Plus de jeune sang brûlant que colorerait encore l'ardeur d'un désir, mais quelques fleurs d'hiver, un peu d'eau incolore, et pour couche nuptiale le lit boueux d'une rivière.

La « représentation dans la représentation », le présent d'un passé, c'est le retour au mythe mais aussi le constat d'un recours impossible. Dans *Le Viol de Lucrèce*, « un sang rouge fume pour montrer l'adresse du peintre » (vers 1377), mais c'est du sang troyen qu'il s'agit, sang d'un passé mythique où la violence qui détruit révèle à lui-même l'amour qui unit. Le sang de Lucrèce, lui, après son suicide, d'abord rouge dans son jaillissement, en fait dessine l'encerclement qui sépare, qui isole pour jamais :

> Coulant à gros bouillons de son sein, il se divise en deux rivières lentes, ce sang écarlate qui encercle de tous côtés son corps tel qu'une île dépeuplée à la dérive sur le flot (1737).

Ce sang qui se divise rend manifeste la schize moderne du moi insulaire, qui dérive loin du continent de l'Autre, de ces lieux habités de familles innombrables :

> Une part de son sang est restée pure et rouge, et l'autre apparaît noire, que Tarquin a souillée (1742-1743).

Pour Hamlet aussi, l'unité originelle, la belle symbiose de l'homme et du monde, a viré au noir, un noir gris de poussière :

> J'ai depuis peu, pourquoi je n'en sais rien, perdu toute ma gaîté, abandonné mes exercices coutumiers ; et de fait, mon humeur est si pesante que cette belle architecture, la terre, me semble un promontoire stérile, et cette superbe voûte, le ciel, ce toit majestueux sculpté de flammes d'or, oui, tout cela n'est plus pour moi qu'un noir et pestilentiel agrégat de vapeurs (II, 2, 295-303).

L'humanisme tragique chanté par le chœur dans l'*Antigone* de Sophocle - « Qu'il est de merveilles ! mais rien qui soit plus merveilleux que l'homme » - n'est plus. La fracture est consommée :

> Quel chef-d'œuvre que l'homme, si noble en sa raison, si infini dans ses facultés, par ses formes et ses mouvements si bien modelé et si admirable, par l'action si proche de l'ange, par la pensée si proche du dieu ; la merveille du monde, le parangon des animaux... et cependant pour moi, que vaut cette quintessence de poussière ? (II, 2, 295-308).

Figurant muet dans une tragédie blanche, le spectateur moderne se reconnaît dans Hamlet, orphelin de lui-même. Le chuchotement d'un fantôme a fait de lui un homme séparé[7]. Mais il n'est pas venu au spectacle « pour rien ». Dans le silence du moi insulaire, le cri d'Hécube refuse de taire la nostalgie d'une violence, la violence d'aimer.

---

7. Jean Duvignaud, à propos d'Hamlet, *in Sociologie du théâtre. Essai sur les ombres collectives*, PUF, 1965, p. 154.

Gisèle Venet

La dévoration

Alina Reyes

Posséder l'autre, le dominer, le dévorer, l'incorporer... le tuer en somme. Cette violence archaïque, cannibale, ne s'est pas éteinte en nous, elle est seulement devenue plus civilisée, métaphorique. Au sein de la famille, on se mange, on se déguste, on se mâche, on se crache, on se déchiquette, on s'avale (ou pas). C'est la grande bouffe familiale, l'alliance qui scelle les noces barbares de l'amour et de la mort.

Saignants. C'est ainsi que nous aimons nos proches. Les grandes religions, païennes ou non, dont l'affaire est, comme leur nom l'indique, de relier les hommes, savent bien comment nous goûtons vraiment autrui : déchiqueté par les dents de la mer - image bien connue de la mère ; ou encore transpercé de clous, tel le Christ abandonné par son Père et trahi par son apôtre, autant dire par son frère.

Dents de la mer, couronne d'épines... Que la torture est fascinante ! Comme, avec de tels spectacles, on remplit églises et salles obscures ! Celui que j'aime, j'aimerais tant boire son sang ! Ceux de mon sang, j'aimerais tant voir couler leur sang ! Leur *manger l'âme, le cœur, le sang,* comme on le dit en Afrique pour « envoûter, détruire par sorcellerie »... Sainte horreur ! Non, non, j'aimerais tant les préserver ! De tout ! Et d'abord, d'être ce qu'ils sont : de chair et de sang. Comment ? En les préservant d'être, simplement. En leur volant leur vie.

Travail, famille, patrie ; Torture, prison, pouvoir. Contraintes. Toute famille, tout regroupement d'êtres liés par le sang, une idéologie, une religion, une terre, souvent même une amitié, a pour but non avoué mais constamment à l'œuvre d'oppresser et de détruire l'individu. Saignons, mes frères ! Lacérons-nous, dévorons-nous les uns les autres ! Seule notre avidité à nous entrebouffer l'âme saura garantir la perpétuation de notre union.

Les périodes de renforcement de l'État, ont noté les anthropologues, induisent une réduction des familles, un desserrement des liens familiaux jusqu'à leur plus simple expression, la cellule nucléaire parents-enfants. Inversement, les grandes familles ont toujours constitué un contre-pouvoir au pouvoir central (il fut un temps où chaque baron régnait sur son territoire). Non que l'esprit de famille soit nécessairement un ennemi de l'État. Au contraire, en éduquant l'individu au respect de l'ordre établi et à la soumission à la loi commune, il peut en être un allié précieux. Mais pour assurer son pouvoir, l'État doit à la fois encourager cet esprit et affaiblir ou décourager la concurrence de regroupements à caractère familial trop importants - familles « biologiques » ou lobbies divers. Car l'idée de toute famille, et l'État à cet égard en est une, c'est que tous ses membres doivent se plier à sa seule loi.

Vive le repas de famille !

L'un des rites fondamentaux tacitement destiné à consacrer cette soumission à une loi commune, particulièrement en France où nous sommes adeptes de pouvoir centralisateur, c'est le repas de famille. Déjeuners d'affaires où partenaires plus ou moins ponctuels achèvent de sceller un accord, petits déjeuners réunissant journalistes et hommes politiques, dîners d'amoureux, banquets de congrégations, goûters d'anniversaire, partage du pain et communion par l'hostie au cours de la messe, agapes festives signant les grands moments de l'année et de la vie... chaque fois le repas, clou de la célébration, est à la fois gage de reddition de toutes les parties représentées à une même loi, et mise en scène policée des forces sauvages à l'œuvre dans tout groupe, au sein duquel l'instinct de survie de l'individu se traduit par des pulsions de destruction et de dévoration réciproques, figurées et neutralisées par la consommation commune de chair non humaine (on sait que certains peuples ont même poussé la symbolique jusqu'à la dévoration effective de chair humaine : tels les Iroquois, qui pratiquaient l'*assimilation* de leurs prisonniers de guerre soit en les intégrant par le mariage à leur société, soit en les mangeant).

Le repas de famille, comme en attestent les tensions qui l'émaillent invariablement, est bien le lieu d'un cannibalisme symbolique, moral et psychologique. *Être bouffé par sa famille*, c'est une épreuve que tout le monde connaît ou a connue. Avec plus ou moins de bonheur. Certains semblent se délecter de ce jeu de dévoration qui préside à tout rassemblement de type familial, où l'intimité le dispute à la férocité. Délectation sans doute morose, car elle participe avant tout de l'ordre de la dépendance, et que d'autres, aventuriers et solitaires de toute sorte, s'ingénient à fuir sans jamais y parvenir tout à fait. Car malheureusement il n'est nul besoin d'être consentant pour devenir la proie des pulsions cannibales de ses semblables.

Grande bouffe plus ou moins morbide et mortifère, comme dans le film de Ferreri, le festin de famille, qu'il s'agisse de la Cène, de Salomé se faisant apporter la tête de Jean-Baptiste sur un plat d'argent ou du dîner de don Juan avec le Commandeur, cette réunion autour de la table est en vérité, à y regarder de près, une cérémonie sacrificielle. L'un des meilleurs exemples en est peut-être le banquet de mariage, où l'on vient sacrifier la liberté, la solitude, et une partie de l'identité des nouveaux époux. Mais ainsi commence la famille...

Mangeuses d'hommes...

Il (elle) est à croquer... On en mangerait... Manger quelqu'un des yeux, de baisers, de caresses... Passer à la casserole... Quand il ne s'agit pas de *se ronger les sangs*, de *se manger le nez* ou de *bouffer du curé* (par exemple), les termes du manger anthropophage s'appliquent volontiers à l'amour. Mais qu'ils expriment l'angoisse, la haine ou l'élan amoureux, tous sont en définitive la traduction d'un même fantasme : l'anéantissement de l'objet du désir - désir assassin ou érotique.

Au sein de la famille, comme dans le ventre de la femme,

l'amour et le manger se partagent l'espace. Dès l'union de l'homme et de la femme, la *consommation* de l'acte, les amants pratiquent l'un sur l'autre dégustation, morsures, suçons, avalement et engloutissement - comportements qui se traduisent chez certains animaux, comme la célèbre mante religieuse, par la dévoration effective du partenaire. Entre humains bien sûr la consommation reste généralement symbolique. Sans doute l'homme est-il un animal moins passionné que certains insectes. Si nous devions, femmes, dévorer réellement nos amants, quel homme trouverions-nous, même parmi les plus chauds, les plus invétérés, les plus ardents amoureux, les plus obsédés sexuels, pour accepter encore de nous honorer ?

Et pourtant, bien que l'on n'ait, à ma connaissance, jamais entendu parler de mangeuses d'hommes au sens propre du terme, le mythe à travers les âges est resté l'un des plus vivaces et des plus effroyables dans l'imaginaire masculin. D'Ève, qui croqua la pomme pour mieux croquer son homme et le précipiter avec elle hors du paradis terrestre, aux vamps tentatrices et venimeuses qui firent la fortune d'Hollywood, l'image de la femme fatale a déjà une longue carrière, que même la libération des mœurs ne semble encore pas près de freiner.

En témoigne aujourd'hui l'engouement pour le sadomasochisme, dont les rites et l'attirail sont devenus un phénomène de mode, et dans lequel on peut voir un écho des mythes d'Andromède et de Salomé. Nue, seulement parée de bijoux, Andromède est découverte par Persée enchaînée à un rocher au bord de la mer, offerte au monstre marin qui l'a exigée en pâture (les dents de la mer, déjà...). Le héros aussitôt tombe amoureux de la belle, dont le nom signifie « qui a des pensées d'homme » (ou peut-être « qui *est* une pensée, un désir d'homme » ?). Quant à Salomé, amoureuse de Jean, nue sous ses voiles et ses bijoux, elle danse pour obtenir la tête de l'aimé sur un plat d'argent.

Andromède prête à être mise en pièces, Salomé et son plat macabre, toutes deux les chairs sublimées par leurs accessoires (chaînes, bijoux, voiles), peuvent apparaître comme le pile et la face de la pulsion cannibalique, pulsion de perdition et d'anéantissement à l'œuvre dans l'appétit sexuel. « Ton corps est comme une meule de foin », peut-on lire dans un passage du *Cantique des Cantiques.* Et tandis que Rabelais évoque, du corps de l'homme, « le bon morceau dont [sa femme] était friande », le *Kama Sutra* très sérieusement recommande : « Quand un homme mord une femme très fort, elle doit le lui rendre, encore plus fort [...] ; elle baise ses lèvres puis, ivre d'amour, elle ferme les yeux et le mord partout. »

Simples exemples de la confusion ordinaire et savoureuse entre le manger et l'aimer, qui peut aussi s'exprimer avec la plus parfaite drôlerie, comme dans cet épigramme de Robbé de Beauveset, un auteur du XVIIIe siècle cité par Pierre Perret dans son *Anthologie de la poésie érotique* :

Un vendredi, que le Bon Dieu mourut,
Une catin de la cité romaine,
Par douze fois, pour apaiser son rut,
Se fit bourrer de la denrée humaine.
Le cavalier, que de si rudes exploits,
Tant répétés, avaient mis aux abois,
Pour se ravoir, propose une poularde.
« Au jour où Dieu va délivrer les morts,
Un jour si saint, dit-elle, ah ! Dieu me garde
Qu'il m'entre chair quelconque dans le corps.
- Foutre, répond le héros en bottine :
Pour toi mon vit est-il une sardine ? »

Manger, être mangé

Les termes gastronomiques de l'amour, qui témoignent d'une volonté d'incorporer l'autre, s'emploient avec un appétit comparable dans les rapports parent-enfant. Dès sa naissance le bébé, véritable petit objet d'amour, boule de chair fraîche, entame avec sa mère et le monde une relation alimentaire. Il arrive que certaines femelles animales dévorent leurs petits aussitôt nés, sans que l'on sache clairement pourquoi (telles ces truies appelées folcoches, d'où le titre du roman d'Hervé Bazin). La femme, comme tous les mammifères, sent sa poitrine se gonfler de lait. Si elle écoute son corps, elle va devoir se changer en pâture pour son nourrisson. Manifestation barbare de la féminité, à laquelle certaines se refusent.

Au début de la grossesse déjà, cet enfant niché dans son ventre, dans son royaume du sexe et du manger, a infligé maints caprices inhabituels à l'appétit de la future mère, lui occasionnant à la fois des dégoûts et des faims, des nausées et des envies subites et inexpliquées. Ensuite il lui a fallu se conformer à un appétit grandissant, comme malgré elle. Et maintenant que l'enfant est là, il est toujours question de manger. Manger *pour deux* encore si elle le nourrit, et être mangée. Bonheur ineffable, partagé par la mère et l'enfant. Béatitude extraordinaire affichée sur le visage d'un nouveau-né après une tétée au sein, et peut-être sur celui de la mère, qui même au plus fort de l'amour ne sent sa poitrine envahie d'une joie aussi radicale que pendant l'allaitement. Sans doute un morceau du paradis perdu, de l'union originelle et mythique dont la fin s'est inscrite en nous comme une blessure définitive.

L'enfant mange à la mère, laquelle fait mine de manger l'enfant, et le mange de baisers, tandis que l'un et l'autre pendant des heures se mangent du regard, se scrutent comme s'ils voulaient entrer l'un dans l'autre, se voir au-delà des apparences et, encore une fois, fusionner. Car sous toutes ses formes, l'amour est un festin, où l'on s'entre-dévore pour mieux s'entre-posséder.

Une relation du même ordre s'établit entre le père et l'enfant, et, dans une moindre mesure, entre l'aîné et le cadet. C'est à partir de cet amour (ou de ce manque d'amour) originel, fusionnel et dévorateur, que va se fonder la famille. Et c'est souvent dans ses rapports alimentaires que vont se fixer ses dysfonctionnements. Que la mère nourrisse trop, trop peu ou incorrectement l'enfant, ou que l'enfant refuse de manger, c'est toujours la traduction d'un malaise familial, symptomatique du rôle dévolu à l'enfant au sein de la famille.

Tuer le père...

À première vue, ces liens familiaux peuvent paraître facilement abominables, monstrueux, quasi incestueux. D'une certaine façon, ils le sont. Mais si l'on admet que pour devenir adulte le fils doit tuer le père, ou que, d'une manière générale, l'enfant doit tuer le parent, il faut aussi observer que pour tuer ses parents, il faut d'abord avoir été mangé par eux. Un enfant qui n'aurait pas été mangé, c'est-à-dire aimé par ses parents, ne saurait les tuer. C'est le cas de beaucoup d'orphelins, qui n'ayant connu ni père ni mère continuent à être hantés par eux toute leur vie. Ou d'enfants séparés de leur père, par exemple, et qui n'arrivent pas à réaliser leur œdipe.

Si, dans le mythe, Œdipe ne parvient à tuer son père que par accident, et sans le savoir, c'est sans doute justement parce qu'il ne le connaissait pas. De même il épouse sa mère en l'ignorant. S'il eût désiré en connaissance de cause tuer son père et posséder sa mère, il fût certainement sorti de cette épreuve vainqueur, plus fort, plus adulte. Au lieu de quoi, Œdipe est condamné à vivre dans l'ignorance et le tourment, à chercher désespérément le coupable de la malédiction qui s'est abattue sur son monde, et, une fois éclairé sur son propre rôle dans le jeu de massacre familial, à se crever les yeux. Laïos et Jocaste, au lieu d'abandonner leur enfant aux mâchoires des loups, eussent mieux fait de le dévorer eux-mêmes, symboliquement : sans doute plus tard n'eussent-ils été ses victimes que symboliquement aussi.

En réchapper

Bien sûr, il se produit fréquemment des abus de pouvoir, des cas où Jonas ne parvient plus à sortir du ventre de la baleine, où le Petit Chaperon rouge reste enfermé dans l'estomac du loup, des cas où les parents ne savent pas, après les avoir mangés, rendre leurs enfants à la vie. C'est pourquoi l'épreuve, si elle est nécessaire, reste cependant particulièrement redoutable : pour y échapper ou en réchapper, l'enfant devra se livrer à un long et pénible travail - sans être pour autant assuré du succès de son entreprise.

Être mangé, c'est la peur primitive par excellence, et, comme nous le montrent d'innombrables contes et mythes, c'est la grande peur de l'enfant, la peur fondamentale qu'il lui faudra exorciser pour s'individuer, devenir une personne. On peut imaginer qu'en devenant humains, les premiers hommes durent éprouver deux terreurs, l'une physique et l'autre métaphysique : celle d'être mangé par les bêtes sauvages, et celle d'être mangé par la mort et ses vers.

La peur sert à se protéger, elle peut aussi servir à être transcendée. Quand aujourd'hui les enfants ont peur d'être mangés, il s'agit évidemment d'une peur symbolique, mais non moins réelle, et utile. Au début était Cronos, qui, après avoir émasculé son père Chaos parce qu'il obligeait sa femme à garder ses enfants dans son ventre au lieu de les laisser naître, se mit à avaler ses propres enfants les uns après les autres, aussitôt nés. Ce vieux Cronos encore englué dans les limbes de l'humanité, et que l'on finit par confondre avec Chronos, le Temps - pas seulement à cause du jeu de mots, mais évidemment à cause du jeu de sens. Il y a comme ailleurs dans la famille deux dimensions essentielles : la dimension temporelle, historique, le plan vertical dans lequel s'inscrivent parricides et sacrifices d'enfants ; et la dimension spatiale, le plan horizontal où se produisent les fratricides et autres guerres entre cousins. La plus importante et la plus génératrice de conflits étant sans doute celle qui fait intervenir le temps, la lutte entre les générations, qui se traduit moins par des conflits d'intérêt et des choix identitaires, comme dans les cas de fratricides, que par des oppositions ontologiques, des angoisses existentielles.

La lutte des générations

Parent et enfant l'un pour l'autre représentent la mort. Je veux tuer mes parents parce qu'ils veulent m'empêcher de vivre, et aussi parce que je les vois vieux et mortels et que je ne veux pas devenir comme eux. Je veux tuer mes enfants parce que je suis plus vieux qu'eux, parce qu'ils me rendent vieux, et entendent vivre après moi, *à la place* de moi.

Les mythes du fratricide, eux, tiennent essentiellement de ce que Éliade a appelé les mythes de la polarité, du caractère double de l'individu représenté par la consanguinité des antagonistes. Entre Abel le berger et Caïn le cultivateur, Romulus et Remus, le conflit porte sur des visions du monde différentes et, plus prosaïquement, sur le partage de l'espace. Dans la relation parent-enfant, le drame s'exprime toujours par une mise en scène destinée à exorciser la marche du temps.

Les rites initiatiques imposés aux jeunes gens, par leur caractère répétitif d'une génération à l'autre, et le sacrifice de jeunes filles ou jeunes gens, parce qu'il imprime la volonté humaine dans le processus de vie et de mort, ont pour objectif fantasmatique de maîtriser le temps, ce temps qui si manifestement nous échappe, dans une fuite en avant qui sans cesse nous oppose de nouvelles forces vives prêtes à nous pousser dans la tombe. C'est précisément parce qu'il ne veut pas être détrôné par ses enfants que Cronos les avale. Et faute de trouver le moyen d'être éternel et d'arrêter réellement la course du temps, c'est pour s'en donner l'illusion que les hommes inventent à la fois des rites propres à conforter le mythe de l'éternel retour, d'un bégaiement du temps à défaut de son interruption, ou bien des opérations sacrificielles, symboliques ou non, opérations de l'ordre de la magie et de l'alchimie, encore une fois destinées à se donner le change, à alimenter le vieux rêve humain d'avoir son mot à dire dans la marche du monde, quand nous sommes en réalité absolument conditionnés par notre nature, et à chaque instant rappelés à notre impuissance.

De même le fait de faire des enfants, en même temps qu'il nous confronte à notre finitude, entretient ce besoin d'illusion de pérennité dans le recommencement. De l'ivresse que se donnent ainsi les parents, les enfants devront ensuite supporter les conséquences : abus de pouvoir, tentative de s'approprier l'enfant pour se donner une seconde chance, se réaliser à travers lui, ou au contraire tentative d'empêcher l'enfant de se réaliser lui-même, afin de ne pas être détrôné par lui.

Parfois aussi ce sont les parents qui sont les victimes des enfants, comme dans le mythe de Trophonios. Ce dernier, fils d'Apollon et architecte renommé, avait construit avec son père adoptif Agamède une salle des trésors pour le roi Hyriée. Or la nuit, grâce à une pierre habilement disposée pour pouvoir pivoter, ils allaient puiser dans les trésors du roi. Quand il se rendit compte des vols, Hyriée fit installer par Dédale un piège dans lequel Agamède se trouva pris. Afin qu'on ne pût le reconnaître, et ainsi facilement identifier son complice, Trophonios coupa la tête de son père, et s'enfuit avec elle. Mais aussitôt la terre s'entrouvrit sous ses pas, et l'engloutit. Des années plus tard, l'antre où avait disparu Trophonios devint le lieu d'un très célèbre oracle.

Trophonios tranchant la tête de son père pour ne pas être reconnu coupable, c'est le complexe de l'enfant qui renie ses parents et leur passé commun, faute de pouvoir assumer la réalité de son extraction, et le sentiment de culpabilité qu'elle génère en lui. Pour sa faute, il sera avalé par la terre, englouti dans la caverne comme dans d'autres histoires les enfants sont engloutis par des estomacs d'ogresses, de loups, de baleines et de monstres divers.

Dans les mises en scène des relations parent-enfant, le manger, l'avalage, ont une place prépondérante. Au début du *Petit Prince*, Saint-Exupéry raconte comment il fut frappé, enfant, par la représentation qu'il se fit d'un serpent ayant avalé un éléphant. Dans le bois de Lébadée, après une série de grottes souterraines, s'ouvrait un trou noir et profond, dans lequel ceux qui voulaient consulter l'oracle de Trophonios devaient se laisser longuement chuter, pour aboutir dans l'antre où ils auraient peut-être la chance d'entendre l'oracle. Cette plongée impressionnante dans la caverne, d'où l'on peut ressortir plus savant si l'on réussit à entendre la voix (intérieure) de l'oracle, ressemble aussi bien à un rite initiatique qu'à l'exploration du moi profond que l'on peut être amené à faire sur le divan d'un psychanalyste. Dans les mythes et les contes, le fait d'être englouti par un monstre humain ou animal représente une opération similaire, la caverne et le ventre tenant le même rôle.

La pierre, une pause dans le temps meurtrier

Être mangé est toujours une mort initiatique. Un jour ou l'autre, le héros finit par être libéré du ventre où il est retenu, et chacun sait qu'il est désormais plus fort, plus adulte, plus conscient, plus puissant. Tel est le cas pour Jonas, et aussi dans le conte du Petit Chaperon rouge, que l'on a sans doute trop souvent et trop exclusivement interprété comme une parabole sexuelle. Certes la relation sexuelle participe de la dévoration, et à ce titre on peut estimer que le loup consomme la jeune fille comme le ferait un homme. Mais l'histoire va plus loin. N'oublions pas que c'est en rendant visite à sa grand-mère que le Petit Chaperon rouge est pris au piège ; pire encore, que c'est en croyant se coucher avec elle qu'il tombe dans la gueule du loup. La confusion n'est-elle pas énorme ? Ne faut-il pas que le loup et la grand-mère (sorte d'image maternelle redoublée) se ressemblent terriblement pour qu'il les prenne l'un pour l'autre ? Le loup ne serait-il pas la bête qui sommeillait en la vieille femme comme en chacun de nous, et qui s'est réveillée ? Quand la mère a envoyé la petite fille apporter à manger à la grand-mère, la galette et le petit pot de beurre n'étaient-ils pas là pour cacher d'autres appétits que l'on taisait ? Le véritable désir de la grand-mère n'était-il pas de manger la petite fille, au lieu de la galette ? N'arrive-t-il jamais que les petits enfants redoutent en silence les assauts par trop affectueux des vieilles ou des grandes personnes ?

Une fois sauvé, le Petit Chaperon rouge a l'idée de remplir de pierres le ventre du loup. Comme Rhéa fit avaler une pierre à Cronos pour éviter qu'il ne dévorât son enfant, Zeus. Comme don Juan qui, sans doute moins fasciné par les femmes que par son propre désir, un Éros de pierre, convia la statue à sa table, pour être englouti avec elle dans la mort. La pierre dans le ventre, c'est peut-être le symbole d'une pause dans le temps meurtrier.

La peur primitive d'être mangé est domestiquée par l'organisation familiale, qui repousse la menace par la force de l'union, et la conserve sous forme métaphorique. Car la menace reste nécessaire : en dernier ressort, manger ou être mangé c'est opérer une transsubstantiation, c'est à la fois entrer dans le cours du temps et lutter contre lui.

Alina Reyes

Moi Pierre Rivière ayant égorgé ma mère, ma sœur et mon frère

Un cas de parricide, complainte

Si dans les gestes de mémoire
L'on inscrit des guerriers fameux,
De quelques brigands dans l'histoire,
On conserve les noms affreux,
Celui du jeune Pierre Rivière,
Dont je vais vous tracer les forfaits,
En horreur à la terre entière,
Y figurera pour jamais.

À peine à sa vingtième année,
De sa mère il trancha les jours,
Et de sa sœur infortunée,
De la vie arrêta le cours.
Sa pauvre mère était enceinte.
Quand il commit l'assassinat,
En entendant cette complainte,
Chacun d'entre vous frémira.

Demain pour le labourage,
Rivière refuse de partir,
Son père fut seul à l'ouvrage.
Hélas, qu'il dut s'en repentir.
Resté seul avec sa famille,
Il saisit le fatal couteau,
Bientôt dans ses mains l'acier brille,
Et de sa mère il est le bourreau.

Les victimes respirent encore,
Lorsque, poussé par son malheur,
Son frère, à peine à son aurore,
Vient au-devant du malfaiteur ;
Armé de la hache meurtrière,
Bientôt il l'étend à ses pieds.
Grand Dieu ! toi qui créas la terre,
Tu puniras le meurtrier.

Extrait de Un cas de parricide au XIXe siècle, *présenté par Michel Foucault, Paris, Gallimard/ Julliard, collection « Archives Éditions », 1973.*

2. *Coulisses*

Comme tout théâtre, la famille comporte des coulisses. Dans les coulisses, on se prépare, on se change, on se maquille, on revêt l'armure de l'acteur. Les coulisses - comme l'âme - sont un lieu tenu secret, non ouvert au public. Lieu d'ombre et de mystère, ce qui s'y cache est la condition de ce qui se montre, c'en est aussi la honte quand, par accident, ce qui doit se cacher se laisse voir.

La lessive

Jacques Prévert

Oh la terrible et surprenante odeur de viande qui meurt
c'est l'été et pourtant les feuilles des arbres du jardin
tombent et crèvent comme si c'était l'automne...
cette odeur vient du pavillon
où demeure monsieur Edmond
chef de famille
chef de bureau
c'est le jour de la lessive
et c'est l'odeur de la famille
et le chef de famille
chef de bureau
dans son pavillon de chef-lieu de canton
va et vient autour du baquet familial
et répète sa formule favorite
Il faut laver son linge sale en famille
et toute la famille glousse d'horreur
de honte
frémit et brosse et frotte et brosse
le chat voudrait bien s'en aller
tout cela lui lève le cœur
le cœur du petit chat de la maison
mais la porte est cadenassée
alors le pauvre petit chat dégueule
le pauvre petit morceau de cœur
que la veille il avait mangé
de vieux portefeuilles flottent dans l'eau du baquet
et puis des scapulaires... des suspensoirs...
des bonnets de nuit... des bonnets de police...
des polices d'assurance... des livres de comptes...
des lettres d'amour où il est question d'argent
des lettres anonymes où il est question d'amour
une rosette de la légion d'honneur
de vieux morceaux de coton à oreille
des rubans
une soutane
un caleçon de vaudeville
une robe de mariée
une feuille de vigne
une blouse d'infirmière
un corset d'officier de hussards

des langes
une culotte de plâtre
une culotte de peau...
soudain de longs sanglots
et le petit chat met ses pattes sur ses oreilles
pour ne pas entendre ce bruit
parce qu'il aime la fille
et que c'est elle qui crie
c'est à elle qu'on en voulait
c'est la jeune fille de la maison
elle est nue... elle crie... elle pleure...
et d'un coup de brosse à chiendent sur la tête
le père la rappelle à la raison
elle a une tache
la jeune fille de la maison
et toute la famille la plonge
et la replonge
elle saigne
elle hurle
mais elle ne veut pas dire le nom...
et le père hurle aussi
Que tout ceci ne sorte pas d'ici
Que tout ceci reste entre nous
dit la mère
et les fils les cousins les moustiques
crient aussi
et le perroquet sur son perchoir
répète aussi
Que tout ceci ne sorte pas d'ici
honneur de la famille
honneur du père
honneur du fils
honneur du perroquet Saint-Esprit
elle est enceinte la jeune fille de la maison
il ne faut pas que le nouveau-né
sorte d'ici
on ne connaît pas le nom du père
au nom du père et du fils
au nom du perroquet déjà nommé Saint-Esprit
Que tout ceci ne sorte pas d'ici...
avec sur le visage une expression surnaturelle
la vieille grand-mère assise sur le rebord du baquet
tresse une couronne d'immortelles artificielles
pour l'enfant naturel...
et la fille est piétinée
la famille pieds nus
piétine piétine et piétine
c'est la vendange de la famille

la vendange de l'honneur
la jeune fille de la maison crève
dans le fond...
à la surface
des globules de savon éclatent
des globules blancs
globules blêmes
couleur d'enfant de Marie...
et sur un morceau de savon
un morpion se sauve avec ses petits
l'horloge sonne une heure et demie
et le chef de famille et de bureau
met son couvre-chef sur son chef
et s'en va
traverse la place de chef-lieu de canton
et rend le salut à son sous-chef
qui le salue...
les pieds du chef de famille sont rouges
mais les chaussures sont bien cirées
Il vaut mieux faire envie que pitié.

« La lessive », in Paroles, *Paris, Gallimard, 1979.*

Jacques Prévert

La belle famille !

Marie-Louise Audiberti

La famille idéale ressemble à une belle image : le père élégamment vêtu, lisant sous la lampe, mère et belle-mère dressant la table, enfants sages finissant les devoirs, tandis qu'au coin du feu le chien s'étire et bâille... Mais qu'est-ce qui couve derrière les apparences, sous le charme discret de la bourgeoisie ?

C'est une petite photo d'amateur, de celle que l'on fait à la volée. Vous y étiez ? Ça tombe bien, moi aussi. À la même heure. La photo est là pour épingler ce moment de notre passage sur terre.

Une table ovale, une table de salle à manger. Autour de la table, des chaises à dossier haut qui font les dos droits. La nappe damassée coule dans ses plis, mais sur la table les carafes de cristal voisinent avec la bouteille de vin posée là sans cérémonie, après tout on est en famille.

Au mur des portraits d'ancêtres veillent au grain. À l'arrière-plan, des plantes vertes ponctuent le décor. Plus loin, la porte-fenêtre ouvre sur une pelouse ombragée par un sureau. Il fait jour et c'est dimanche.

D'après le contenu des assiettes, nous en sommes à la fin du repas. Trois personnes sont de face, une autre légèrement de trois quarts, une de profil, une presque de dos, la dernière coupée en deux. En face de nous, sur le bord inférieur de la photo, deux mains sagement posées autour de l'assiette.

L'homme à la tête neigeuse dont nous fêtons aujourd'hui les

soixante-quinze ans crève la photo comme on crève l'écran. Lignes de fuite croisées sur sa tête, mirages de la perspective, faisceaux de gestes ébauchés, au premier abord, on ne voit que lui. De l'autre côté de la table, Julien, le fils cadet, fixe son père. Oui, Julien, ton père est là qui ne te voit pas. Du plus loin que tu te souviennes, il t'a toujours ignoré. Il faut dire qu'avant toi, il y avait Frédéric. Toi tu n'étais que le cadet. Un double, un reflet, une redite. Quand Frédéric, trente ans, est mort sur cette route d'Allemagne, happé par un camion, il travaillait dans l'entreprise de votre père. À cette époque, tu commençais à faire ton chemin comme journaliste. Tu as dû accéder aux injonctions du malheureux père, veuf de son fils aîné. Il fallait un être de son sang pour reprendre les affaires. Tu n'allais tout de même pas lui refuser cette consolation. Son sang de pauvre, son sang de riche, c'est son blason, sa marque de fabrique. C'est avec son sang qu'il a dessiné son parcours et remis à flot l'entreprise de terrassement. Mais pourquoi va-t-il encore au bureau à son âge ?

Pourquoi ? Comme si j'allais laisser Julien prendre des décisions ! Tant que j'en aurai la santé, et je me porte comme un charme - regardez comme il a redressé le menton pour la photo -, je serai là pour empêcher ce fils trop faible de prendre vraiment les rênes de la société. Tout doit être revu et corrigé par moi. Même vieux, même mort, c'est moi qui commande.

Papa, n'auras-tu jamais pitié ? Les images reviennent : papa et Frédéric, toujours ensemble, et Julien, un peu en arrière. Si seulement papa m'avait emmené avec lui, au foot, par exemple, ou pour assister aux courses d'automobiles, peut-être aurais-je su lui plaire ? Papa connaissait-il, par exemple, mes talents d'imitateur ? Mais oui, sous mes airs timides, je pouvais à la demande imiter Charlot, de Gaulle, ou la Castafiore, surtout la Castafiore, mais papa n'en savait rien. Il ne voyait que Frédéric.

Voyons, papa ne pouvait pas emmener Julien. Julien était toujours malade en voiture. La honte de vomir sans cesse, un sac en papier autour du cou ! Et il attrapait si facilement des bronchites. Alors l'aîné, insensiblement, prenait toute la place. Mais personne ne se demandait pourquoi Julien était malade.

À travers moi, je sais que mon père voit l'autre, le disparu, il le voit en transparence, tel un motif caché, jusqu'à ce que son regard revienne à moi, le survivant, et déchante. Je ne suis pas l'autre.

Tu verras, père, je saurai tout de même t'étonner. Julien avait tenu parole, au moins sur un point.

Elle est assise à la droite de monsieur Bériot, c'est lui qui l'a voulu. Pour la photo, elle vient de poser sa fourchette et a gentiment rapproché sa tête de celle du grand-père en un mouvement affectueux. Sabine, c'est la revanche de Julien. Car il est le mari de cette personne au regard vif. Le père, cette fois, a dû s'incliner. Julien avait réussi à l'impressionner. Elle va vraiment t'épouser ? M. Bériot était séduit. Il l'est encore. Vertige d'une séduction qui ne réclame aucun dû. Sabine existe, ça suffit.

Ce qui n'empêche pas le grand-père d'agresser Julien. C'est qu'avec ses grands airs, son fils le ferait passer pour un rustre ! Moi, monsieur, je n'ai pas été élevé dans le luxe !

On se souvient encore de ce dimanche, ce devait être il y a trois ans. M. Bériot a été si odieux que Julien, pris d'une colère inhabituelle, a renversé la table, oui, la table familiale avec les verres et l'argenterie. Excuse-moi, maman. La table a volé comme un toit emporté par la tempête. Ainsi décalottée, la famille se retrouvait à cru, les tripes à l'air, plus de faux-semblant.

Le grand-père n'a pas bronché. Peut-être, ce jour-là, estimait-il son fils pour sa colère. Malheureusement, Julien ne pouvait le voir, car il était parti, emmenant Sabine.

La mère tremblait. Ses lèvres bougeaient toutes seules. La mère, c'est cette dame bien, à côté de Julien, de l'autre côté de la table. Prestance, collier de perles, cheveux argentés, que demander de plus ? Mais la mère croise les mains avec une énergie féroce comme si elle voulait broyer quelque chose. Rassurons-nous, rassurez-vous, mère, tout va bien.

Tour de table, comme un tour de cartes, mais les jeux sont faits. Impossible, dans les familles, de redistribuer les rôles. Alors on s'entête dans son personnage, tant pis si l'on est le dindon de la farce.

À côté de Sabine, son fils, Fabrice, quatorze ans, issu d'un premier mariage. Si elle a penché la tête vers le grand-père qu'il faut honorer, elle a également posé sa main droite, en propriétaire, sur celle de Fabrice. Ils sont si proches.

Ces derniers temps, la mère sent pourtant que le fils s'écarte. Ce regard qu'il m'a lancé l'autre jour ! « Ma haine pour toi est incommensurable. » In-com-men-surable ! Où est-il allé chercher un mot pareil ? Alors que j'ai tout partagé avec lui ? Tenez, jusqu'au mariage avec Julien j'inscrivais même nos deux prénoms côte à côte sur mes cartes de visite. Mon enfant et moi, nous formions un couple.

Julien et Fabrice ? Pas d'inquiétude de ce côté. Après tout, Fabrice avait encore un père, même si celui-ci ne se manifestait pas.

Le père de Fabrice vit en Amérique. L'année dernière, Fabrice lui a écrit pour lui dire qu'il se portait bien, qu'il jouait au basket et qu'il aimerait beaucoup le connaître. Il lui a même envoyé une photo de lui. Le père n'a pas répondu. C'est sans doute un homme très occupé.

Fabrice a laissé sa main sous celle de sa mère, mais son regard a quelque chose de farouche. Il fixe d'un air de défi l'adolescente assise à la gauche du grand-père. Armandine pouffe, il en est sûr. Et si c'était à cause du geste de Sabine recouvrant de sa jolie main celle de son fils ? Si Armandine se moquait de son cousin ? Fabrice n'a pas eu le temps de se gendarmer contre la tendresse maternelle. Alors de nouveau, il sent la colère l'envahir.

Armandine, la plus jeune de la tablée, c'est la fille de Frédéric, le fils disparu. On devine les joues pleines, la chevelure têtue. On devine surtout son bel appétit. À treize ans, n'est-elle pas déjà trop grosse ?

Depuis l'accident, il y a onze ans de cela, Armandine se partage entre la maison de sa mère et celle de ses grands-parents. Est-ce un hasard si la photo la coupe en deux ?

La photo l'a saisie, la fourchette en l'air, regardant son cousin. Elle ne s'est même pas donné la peine de regarder l'objectif. Manger, c'est plus important. Une bouchée pour papa, une bouchée pour maman. La nourriture est un fleuve sans fin, je nage, je m'ébroue, si je le pouvais je ne m'arrêterais jamais. Dommage, tout de même, que grand-père n'accepte plus à sa table la mère d'Armandine, la veuve de Frédéric, qui a récemment commis le crime de se remarier. Si Armandine mange avec cette détermination, c'est pour occuper le terrain. Son père mort, sa mère absente, je dirais qu'elle mange pour trois.

À côté de Fabrice, la tante Madeleine, la sœur aînée de la grand-mère. Madeleine et ses patenôtres, parfois elle nous fait bien rire... « Nous sommes dans la main de Dieu », répète-t-elle à tout bout de champ. Elle espérait autrefois se faire épouser par l'un des jeunes gens qui fréquentaient la maison des Villemain. Comme ça ne se faisait pas, elle a souhaité devenir religieuse. Veto du père qui commençait à se faire vieux. Veuf, il avait besoin de Madeleine pour le soigner. Fille ingrate, tu abandonnerais ton père ! N'oublie pas qu'autrefois tu l'appelais Papichou ! Madeleine était restée.

Aujourd'hui la tante Madeleine perd un peu la tête. Elle ne voulait pas venir, il a fallu aller la chercher. En manière d'hostilité, elle a refusé de quitter son chapeau pendant le repas, sous prétexte qu'elle risquait la crève. Figurez-vous qu'elle l'a même gardé pour aller aux toilettes !

Entre Madeleine et Julien, une place vide, celle de la cousine Simone, la parente pauvre, filleule de la grand-mère. Peut-être l'a-t-on invitée uniquement pour qu'elle fasse les photos. Mais si elle s'est levée, en plein repas, c'est aussi pour détourner la conversation.

Le grand-père a un projet. Ce projet, il y revient sans cesse depuis quelque temps. La grand-mère a beau broyer l'idée dans ses mains, à moins que ce ne soit la tête de son mari - ah ! si elle pouvait briser cette lubie comme on fait d'une noix ! -, celui-ci insiste.

Il veut quitter cette maison du Hurepoix qui leur vient des parents de sa femme. À leur âge, déménager, il n'y pense pas ! Si, il ne pense même qu'à cela, c'est une idée fixe. Il veut quitter la maison pour une plus grande. Il va faire construire, après tout il est dans le bâtiment.

« Maman est ennuyée à cause de son piano, a osé dire Julien. Elle se demande où elle le casera. »

La riposte est venue comme on crache.

- Je lui prépare un véritable hall. Qu'elle ne dise pas le contraire !

Mais Yvonne Bériot n'a pas envie de ce hall. Elle aime son piano là où elle l'a dressé, touche après touche, comme on dresse un animal favori. Elle aime ce coin dérobé où aucune fumée de cigare ou autre rodomontade ne vient effaroucher *Les Papillons* de Schumann.

C'est bien simple, elle n'est jamais contente ! Le grand-père devenait rouge, portait la main à son cou. Nous on avait peur. C'est que le grand-père a de la colère à revendre. Sa femme, sous ses airs soumis, n'est jamais de son avis.

Mais pourquoi tient-il absolument à cette maison neuve ?

- C'est bien simple. Je me sens à l'étroit.

À l'étroit dans son vieux corps, croit-il pouvoir, en disposant de plus d'espace, tenir tête à la mort ?

Julien a ouvert la bouche, la mère a dénoué ses mains, ébauché un geste, laisse, quelqu'un a toussé, on a entendu des raclements de chaises. Puis Simone s'est levée, a brandi son appareil.

Ce qui saute aux yeux, sur la photo, ce sont les trous. Après la mort de Frédéric, au lieu de se serrer les coudes, on a appris à ne pas trop se rapprocher pour lui laisser de l'espace, mais le tissu familial accuse d'autres manques qui font comme des trous d'air.

Et n'oublions pas les mains inertes, au bas de la photo. Douceur menaçante de ces mains qui semblent contenir tout ce qui passe de sourde violence entre les convives, comme une chose en soi, une balle que l'on se lancerait de l'un à l'autre, qui se poserait parfois, rebondirait.

Bientôt on servira le gâteau. Le vieil homme soufflera les bougies.

Marie-Louise Audiberti

« Collages tressés » ou l'adultère

avec Gustave F., Michel de M., Honoré de B., James J., Vladimir N., Sacha G., le journal *E..e*, et quelques autres

Josée Lapeyrere

*

Son mari [se dit-il] n'était-ce pas quelque chose d'elle ?	quelque chose d'elle
Elle ne savait pas que, sur la terrasse des maisons, la pluie fait des lacs quand les gouttières sont bouchées, et elle fut ainsi demeurée en sa sécurité, lorsqu'elle découvrit subitement une lézarde dans le mur.	elle ne savait dans le mur une lézarde
Quelle folie ! se disait-il, et comment arriver jusqu'à elle ?	quelle folie !
Quand ça la prenait trop fort, elle s'en allait toute seule sur le bord de la mer.	toute seule sur le bord
Elle se mordit les lèvres, et un flot de sang lui courut sous la peau, qui se colora tout en rose, [...] Monsieur n'est donc pas là ? Ils se regardèrent ; et leurs pensées, confondues dans la même angoisse, s'étreignaient	les lèvres la peau ils se regardèrent
et tout à coup la pluie tomba ; elle crépitait sur les feuilles vertes	les feuilles vertes
et les flaques d'eau sur le sable emportaient en s'écroulant les fleurs roses d'un acacia	emportaient en s'écroulant les fleurs
Comment n'avait-elle pas saisi ce bonheur-là, quand il se présentait !	avait-elle saisi
Le gonflement de l'étoffe se crevait de place en place, selon les inflexions de son corsage	les inflexions
Oh ! je l'aurai ! s'écria-t-il en écartant, de son bâton, une motte de terre devant lui.	Oh ! je l'aurai !
Il saisit sa main, elle ne la retira pas.	elle ne la retira pas

Car tous les êtres qui vivent sur la terre,
hommes, bêtes, habitants des eaux, troupeaux,
oiseaux aux couleurs variées, courent
éperdument aux feux de l'amour.

Virgile

*

Tout le mouvement du monde se résout et se livre à cet accouplement, c'est une matière infuse partout, c'est un centre où toutes choses regardent.

Amour et mariage sont des entreprises qui ont des routes distinctes et non confondues... Le mariage a pour sa part l'utilité, la justice, l'honneur et la constance : un plaisir fade, mais plus universel. L'amour se fonde sur le seul plaisir, et il comporte, en vérité, un plaisir plus chatouillant, plus vif et plus aigu ; un plaisir attisé par la difficulté. Il faut qu'il soit piquant et ardent. Ce n'est plus de l'amour s'il est sans flèches et sans feu.

La libéralité des dames est trop large dans le mariage et elle émousse la pointe du sentiment et du désir.

Notre maîtrise sur les dames et l'entière possession que nous en avons est infiniment à craindre pour elles : à partir du moment où elles se sont rendues à la merci de notre fidélité et de notre constance, elles sont vraiment un peu en danger. Aussitôt que les dames sont à nous, nous ne sommes plus à elles.

Si l'on me demandait quelle est la chose la plus importante dans l'amour, je répondrais que c'est de savoir saisir le moment favorable ; la seconde, de même et aussi la troisième.

Il rêvait à ce qu'elle avait dit et à la forme de ses lèvres ; [...] les plis de sa robe descendaient le long des murs.

la forme de
ses lèvres
sa robe

C'était la première fois qu'elle entendait dire ces choses ; et son orgueil, comme quelqu'un qui se délasse dans une étuve, s'étirait mollement et tout entier à la chaleur de ce langage.

dire ces choses

la chaleur

Marchant derrière elle, [il] contemplait entre ce drap noir et la bottine noire, la délicatesse de son bas blanc, qui lui semblait quelque chose de sa nudité.

la bottine
noire la délicatesse
sa nudité

Le drap de sa robe s'accrochait au velours de l'habit, elle renversa son cou blanc, qui se gonflait d'un soupir et, défaillante, toute en pleurs, avec un long frémissement et se cachant la figure, elle s'abandonna.

au velours
son cou blanc
un soupir
elle s'abandonna

Oh ! vous me faites peur ! Jamais elle n'avait eu ses yeux si grands, si noirs, ni d'une telle profondeur. Quelque chose de subtil épandu sur sa personne la transfigurait.

Oh ! vous me faites
peur !
une telle profondeur
la transfigurait

Elle se répétait : « J'ai un amant ! un amant ! », se délectant à cette idée comme à celle d'une autre puberté qui lui serait survenue, l'existence ordinaire n'apparaissait qu'au loin, tout en bas, dans l'ombre, entre les intervalles de ces hauteurs...

un amant !
cette idée celle d'une
autre au loin en bas
dans l'ombre
entre les intervalles

et l'amour, si longtemps contenu, jaillissait tout entier avec des bouillonnements joyeux. Elle le savourait sans remords, sans inquiétude, sans trouble.

jaillissait
joyeux
sans remords

Pose un verrou, fais-la garder ; mais qui gardera les gardiens
Ta femme est rusée et c'est par eux qu'elle commence.

Juvénal

*

L'amour est une agitation éveillée, vive et gaie ; je n'en étais ni troublé ni affligé, mais j'en étais enflammé et changé : il faut s'arrêter là dans cette passion : elle n'est nuisible qu'aux fous.

J'ai autant que j'ai pu pris sur moi seul le risque de nos rendez-vous pour en décharger [les dames] et j'ai organisé nos intrigues amoureuses toujours par les voies les plus difficiles et les plus inattendues pour que nous soyons moins soupçonnés... Les amants sont découverts principalement par les endroits qu'ils regardent comme les plus sûrs en eux-mêmes. Les choses les moins craintes sont les moins défendues et les moins observées : on peut oser plus aisément ce que personne ne pense que vous oserez et qui devient facile du fait de sa difficulté.

Il faut leur lâcher un peu les rênes... On alanguit le désir de la compagnie en lui donnant quelque liberté.

Un bon mariage se fait entre une femme aveugle et un mari sourd.

Chacun de vous a fait quelqu'un de cocu : or la nature est toute faite de pareilles choses, de compensations et de vicissitudes. La fréquence de ce fâcheux accident doit en avoir modéré l'amertume : le voilà bientôt devenu coutume.

M. de M.

*

Les rideaux jaunes, le long des fenêtres, laissaient passer doucement une lourde lumière blonde.

une lourde
lumière
blonde

Elle s'échappait en retenant son haleine, palpitante, déshabillée.

déshabillée

Ce n'était pas de l'attachement, c'était comme une séduction permanente. Il la subjuguait. Elle en avait presque peur.

presque peur

Ils recommencèrent à s'aimer. Souvent même au milieu de la journée, elle lui écrivait tout à coup.

souvent
elle lui écrivait
tout à coup

Ce qu'il ne comprenait pas, c'était tout ce trouble pour une chose aussi simple que l'amour.

tout ce trouble
une chose aussi simple

On eût dit qu'un artiste habile en corruptions avait disposé sur sa nuque la torsade de ses cheveux : ils s'enroulaient en une masse lourde, négligemment, et selon les hasards de l'adultère, qui les dénouait tous les jours.

sur sa nuque
la torsade
ils s'enroulaient
les dénouait
tous les jours

Sa voix, maintenant, prenait des inflexions plus molles, sa taille aussi ; quelque chose de subtil qui vous pénétrait se dégageait même des draperies de sa robe et de la cambrure de son pied.

des inflexions
des draperies
la cambrure
de son pied

Et, quand il la vit avec son vêtement blanc peu à peu s'évanouir dans l'ombre comme un fantôme, il fut pris d'un tel battement de cœur qu'il s'appuya contre un arbre pour ne pas tomber. - Quel imbécile je suis !, fit-il en jurant épouvantablement. N'importe, c'était une jolie maîtresse !

un battement de cœur
Quel imbécile je suis !
c'était
une jolie maîtresse

Le mariage doit incessamment combattre un monstre qui dévore tout : l'habitude.
Honoré de Balzac

*

Le mari qui ne laisse rien à désirer est un homme perdu.

Une femme vertueuse a dans le cœur une fibre de moins ou de plus que les autres femmes : elle est stupide ou sublime.

Indépendamment d'un mouvement répulsif, il existe dans l'âme de toutes les femmes un sentiment qui tend à proscrire tôt ou tard les plaisirs dénués de passion.

... pourvu qu'un homme ait de l'esprit, une figure distinguée et de l'entregent, les femmes ne lui demandent jamais d'où il sort, mais où il veut aller.

Quel mari pourra dormir tranquille à côté de sa jeune et jolie femme, en apprenant que trois célibataires au moins sont à l'affût ; que, s'ils n'ont pas encore fait de dégât dans sa petite propriété, ils regardent la mariée comme une proie qui leur est due, qui tôt ou tard leur écherra, soit par ruse, soit par force, par conquête ou de bonne volonté ? et il est impossible qu'ils ne soient pas, un jour, victorieux dans cette lutte !

Les fautes des femmes sont autant d'accusations contre l'égoïsme, l'insouciance et la nullité des maris.
Si un homme ne sait pas distinguer la différence des plaisirs de deux nuits consécutives, il s'est marié trop tôt.

Saisir habilement les nuances du plaisir, les développer, leur donner un style nouveau, une expression originale, constitue le génie d'un mari.

Faire naître un désir, le nourrir, le développer, le grandir, l'irriter, le satisfaire, c'est un poème tout entier. L'ordre des plaisirs est du distique au quatrain, du quatrain au sonnet, du sonnet à la ballade, de la ballade à l'ode, de l'ode à la cantate, de la cantate au dithyrambe. Le mari qui commence par le dithyrambe est un sot.

H. de B.

*

Une main nue passa sous les petits rideaux de toile jaune et jeta des déchirures de papier, qui se dispersèrent au vent et s'abattirent plus loin, comme des papillons blancs, sur un champ de trèfles rouges tout en fleur.	main nue tout en fleur trèfles rouges
Et ils vivaient là, volets fermés, portes closes, avec des fleurs par terre et des sirops à la glace, qu'on leur apportait dès le matin.	dès le matin
Le lit était un grand lit d'acajou en forme de nacelle. [...]	un grand lit
Et rien au monde n'était beau comme sa tête brune et sa peau blanche, se détachant sur cette couleur pourpre.	et sa peau sur cette couleur pourpre
Il savourait pour la première fois l'inexprimable délicatesse des élégances féminines. Jamais il n'avait rencontré cette grâce de langage, cette réserve du vêtement, ces poses de colombe assoupie.	délicatesse colombe assoupie
D'ailleurs, n'était-ce pas une femme du monde, et une femme mariée ! une vraie maîtresse enfin ?	une femme mariée une maîtresse
Ou, d'autres fois, brûlée plus fort par cette flamme intime que l'adultère avivait, haletante, émue, tout en désir, elle ouvrait sa fenêtre, aspirait l'air froid, éparpillait au vent sa chevelure trop lourde...	cette flamme émue elle ouvrait sa fenêtre
Elle était aussi dégoûtée de lui qu'il était fatigué d'elle. [Elle] retrouvait dans l'adultère toutes les platitudes du mariage ? Mais comment pouvoir s'en débarrasser ? Et même elle souhaitait une catastrophe qui amenât leur séparation, puisqu'elle n'avait pas le courage de s'y décider.	séparation le courage décider

*

Soyez amants, vous serez inventifs.
Jean de La Fontaine

*

Bien que le nom d'épouse paraisse plus sacré et plus fort, un autre a toujours été plus doux à mon cœur, celui de votre maîtresse ou même, laissez-moi vous le dire, celui de votre concubine et de votre fille de joie.

H.

*

Parler de l'adultère, ce n'est jamais que parler du mariage et de la délicieuse ligne d'abîme qui traverse le couple.

Certains ne jouissent que dans l'adultère, celui de l'autre.

L'adultère heureux : un lit qui n'est jamais à soi, un pré, un champ de bataille, ou un damier, dont on ne tient que l'un des bords - l'adultère, les draps froissés et la chair dans un entre-deux lumineux sur la nudité que de nouveau rien n'épuise.

Il serait intéressant d'arrêter, entre cinq et sept, tous les bruits de la ville et laissant seules ouvertes les fenêtres des chambres ; écouter, alors, l'amoureux concert clandestin des humains.

L'adultère avec son mari, avec sa femme ?

A. B.

*

Oh ! le mari, le précieux mari ! le personnage indispensable à la solidité des liaisons adultères ! le monsieur qui vous gêne, vous irrite, vous assomme ! l'empêcheur de danser en rond qui fait rater vos rendez-vous, se met dans vos jambes, vous barre le passage, et avec ça entretient chez l'amant le désir toujours frais de la femme, par cela qu'il le contrarie et en modère les élans d'une main guidée par la prudence même. Que peu d'amants savent reconnaître l'impérieuse utilité de ce serviteur méconnu !

C.

*

*

Maintenant au revoir, méchant chéri. J'ai un si affreux mal de tête aujourd'hui. Écrivez par retour à celle qui se languit de vous. PS - Dites-moi sans faute quel parfum votre femme emploie. Je veux le savoir.

chéri
quel parfum
votre femme
je veux

En avançant avec lenteur, il relut la lettre, murmurant un mot par-ci par-là. Très fâchée tulipes contre vous homme fleur chéri si vous ne s'il vous plaît humble myosotis comme il me tarde violettes de mon chéri roses quand nous bientôt anémone nous reverrons vilain méchant de pédoncule ma femme parfum de Martha.

très fâchée
chéri si vous

nous bientôt
reverrons
parfum

Pourrions-nous nous rencontrer un dimanche après le rosaire ? Merci bien, très peu pour moi. L'ordinaire escarmouche amoureuse. Et se sauvant dans les coins. [...] Aller plus loin la prochaine fois. Méchant garnement ; je me vengerai ; évidemment peur des mots. Brutal, pourquoi pas ? En tout cas essayer. Un peu chaque fois.

le rosaire
amoureuse
aller
brutal
un peu

Rendez-vous un dimanche après le rosaire. Ne refusez pas ma demande. La voir arriver avec une voilette et un sac noir. Au crépuscule et à contre-jour. Elle pourrait être ici avec un ruban autour du cou et faire l'autre chose tout de même en catimini. Leur réputation.

voilette

un ruban

Au fait ai-je déchiré cette enveloppe ? Oui, sous le pont.

Avec J.J.

ai-je déchiré
sous le pont
oui

*

Que d'époux ne sont séparés que par le mariage.
A. Capus

*

Il y a de bons mariages mais il n'y en a point de délicieux.

Il y a peu d'honnêtes femmes qui ne soient lasses de leur métier.

La violence que l'on se fait pour demeurer fidèle à ce qu'on aime ne vaut guère mieux qu'une infidélité.

de La R.

*

Je crois que les femmes sont faites pour être mariées et que les hommes sont faits pour être célibataires. C'est de là que vient tout le mal !

Le monde est mené par les femmes et il va à hue et à dia parce que combien d'hommes ont une femme et une maîtresse, et que de ce fait, ils sont écartelés.

Il y a des femmes dont l'infidélité est le seul lien qui les attache encore à leur mari.

N'est pas cocu qui veut. Et nous ne devons épouser que de très jolies femmes si nous voulons qu'un jour on nous en délivre.

L'adultère qui, dans le Code civil, est un mot immense, n'est dans le fond qu'une affaire de bal masqué. L'adultère n'est pas un phénomène, c'est une affaire de canapé et il est très commun.

S. G.

*

Un ami, c'est un homme qui connaît l'escalier qui conduit chez votre femme.

*

Quand tu parlais, tu tranchais l'air avec le bord de la main, avec l'éclat de ton bracelet autour de son poignet fin.

l'air
avec le bord
avec l'éclat

Tu espérais que ton mari ne viendrait pas en septembre et nous n'avions peur de rien toi et moi je compris que tu n'avais pas de pouvoir sur moi que ce n'était pas toi seule mais la terre entière qui était ma maîtresse « Tu sais ce que j'ai décidé Voilà Je ne peux vivre sans toi Je lui dirai donc Il m'accordera le divorce tout de suite Et alors nous pouvons disons à l'automne... »

ton mari ne viendrait
toi
pas toi
la terre
ma maîtresse
sans toi je lui dirai

Je t'interrompis par mon silence Une tache de soleil glissa de ta jupe sur le sable tu t'écartas légèrement.

ta jupe sur le sable
tu t'écartas

Que puis-je te dire ? La liberté ? La prison ? Je ne t'aime pas suffisamment ? Ce n'est pas cela.

ce n'est pas cela

Quelque part un gigantesque bateau était allé par le fond on avait déclaré la guerre un génie était né ce moment s'était écoulé. Tu dis « D'accord. Maintenant tu peux

on avait déclaré
la guerre
ce moment s'était
écoulé

partir ». Une lettre de toi tu m'appellerais mais je ne reviendrai pas Il m'était doux de te perdre tu partis après avoir brusquement tiré la porte vitrée Mais c'est une autre qui partit différemment en ouvrant des yeux pâles sous mes baisers de bonheur.

Avec V.N.

une lettre
je ne reviendrai pas
doux de te perdre
une
autre
pâle sous
mes baisers

*

Vous avez beau l'aimer très fort ne pas voir, ne pas toucher ou si peu, l'homme qui est censé partager
votre vie vous avez beau l'aimer très fort parlé boudé fait

des caprices crié mais rien n'a changé une solution un amant
au lieu de vous morfondre le laisser souffler il vous sera

reconnaissant l'amant l'étincelle de nouveau désirable l'étranger
de passage l'homme marié l'inconnu d'un soir pas envie

de se lier des enfants ne servir qu'une fois si vous voulez pas de vagues à votre porte une fois mais joyeusement
la chair dont on fait les infidèles la vertu celle de l'éphémère sortir de table avec un petit creux c'est lui celui de votre vie de tous les jours qui doit en bénéficier l'herbe n'est pas

plus verte ailleurs un amant prenez le temps vous paraîtra moins long le bon côté temps libre avec la vie quotidienne le désir meurt c'est insidieux derniers embrasements plus

envie
d'avoir envie partager le bonheur volé un œil plus allumé si un autre vous hante mettez-le dans votre lit vous n'y penserez

plus à chaque fois prenez un amant n'avouez jamais pas une habitude éphémère des bons souvenirs y revenir un jour trompez-le joyeusement

quand je pense aux petites copines qu'ils vont voir
en vitesse
en sortant du bureau je ne regrette pas mon escapade

Découpage d'un article de la revue Elle.

Josée Lapeyrere

L'empire des mères

Georges Gottlieb

Seul Dieu ici-bas, la déesse-mère est en même temps Satan, sorcière. Elle protège et détruit, elle fait vivre et mourir. Face à ce balancement entre deux extrêmes, la mère, puissante image d'une violence naturelle, doit renoncer à ses désirs de domination, s'adapter, se réduire pour devenir figure humaine et trouver ainsi la voie moyenne entre l'intrusion destructive et le dévouement sans borne.

C'est un peu la montagne qui accouche d'une souris chaque fois qu'une femme met un enfant au monde. Comment pourrait-il en être autrement ? Après les heures de douleur et d'hôpital, les mois d'attente au ventre gros, les années où le bébé s'envisage avant de prendre corps, entre poupée que l'on fut soi-même et poupée qui fut sienne, le voilà tout soudain l'enfant vrai, réel et dérisoire, celui qu'il va falloir aimer tout de suite, comme d'instinct, du jour au lendemain... Et lui, le nouveau-né, la petite chose d'entrailles, tout assourdi, tout aveuglé, par le bruit, la lumière du monde, ne sentirait rien peser sur lui de cet Himalaya d'images et d'espoirs conçus avant lui et qui vient combler - en attendant qu'il puisse combler qui que ce fût - le vide de sa toute précaire existence ? Dès les premiers moments, le risque de décevoir existe et, s'il est si terrible, c'est que l'on peut, dans la situation de dépendance intégrale où l'on se trouve enfant, mourir d'une seule éclipse d'amour.

Mère-montagne, enfant-souris, la disproportion est trop grande... Que l'on s'imagine un instant, dans une peau de quelques jours, de quelques semaines, quelle géante est sa mère pour le

« petit bout » qui, pressé contre des seins dont chacun a la taille de son crâne, entend battre un cœur plus fort qu'il n'entendra jamais résonner le tonnerre... Les terreurs du petit enfant face à l'omnipotence maternelle, la crainte de se voir abandonné par celle à laquelle est suspendue toute son existence, l'angoisse que motive chacun des comportements susceptibles de lui déplaire et d'entraîner la séparation, tout cela constitue le noyau d'une relation qui ne changera plus fondamentalement de nature, quels qu'en soient les travestissements, les accommodations ultérieurs. Car même si la souris est plutôt du genre grenouille, de celle qui veut bientôt se faire plus grosse que le bœuf, ne doutons pas qu'elle survive à toutes les métamorphoses qui conduiront au gros animal, tapie en quelque trou de notre être, poussant ses petits cris dès que la réveillera l'inquiétude - le grondement de la montagne.

Bien sûr, la mère n'est pour rien dans cette terrible différence d'échelle. Il y a là un fait de nature et, on le sait, la nature n'est pas sans violence... Pourtant, la responsabilité de la mère, si elle n'est pas engagée dans la définition de cet abîme, l'est clairement dès qu'il s'agit pour l'enfant, puis l'adolescent, de le réduire, de l'aplanir. La violence maternelle, c'est d'abord la violence d'une situation dont toute mère reçoit l'exorbitant avantage. Rares, à vrai dire, sont au cours d'une vie les occasions d'acquérir autant de puissance sur un autre que soi. Seule la séduction amoureuse, sous sa forme extrême, pourrait faire l'objet d'une comparaison... Il y a là comme une arme, à portée de main de toute mère, et dont celle-ci choisira ou non de se servir, qu'elle cherchera à désamorcer ou qu'elle mettra au contraire au profit de son règne, l'instrumentalisant plus ou moins consciemment aux dépens de la cible unique et désignée qu'elle vise et peut éventuellement détruire.

> Qui peut comprendre ton jeu, ô Mère ?
> Ta vraie nature est bien de protéger,
> mais aussi de détruire,
> ô Toi qui à la fois me fais vivre et mourir !
>
> Râmprasâd, *Chants à Kâlî*, Belles Lettres, 1989.

Dans la situation initiale, la toute-puissance de la mère s'exerce sans limite. Elle ne fait qu'un avec le monde, et c'est d'elle que provient le bon comme le mauvais, le sucré comme l'amer. Pour l'enfant, il est vital de se concilier cette force de la nature aux élans capricieux, d'inventer les moyens magiques d'en prévenir les humeurs, d'en susciter les grâces. Des rituels s'instaurent, des prières sont bredouillées dans un premier langage et l'offrande du sourire connaît un succès que le cérémonial du pot redoublera bientôt. C'est ainsi que se mettent peu à peu en place tous les éléments d'un culte dont les formes, dûment agréées par la déesse, permettent au petit garçon, à la petite fille, de contrôler, ou d'avoir au moins l'illusion de contrôler, ce qui sans cela ne serait qu'arbitraire et, partant, source d'angoisses intarissables. Il y a là comme un étai posé contre la montagne pour qu'elle ne nous tombe pas dessus, un premier effort de l'intelligence et de l'imagination où s'affirme une volonté toute neuve, celle d'échapper à la sujétion totale des origines, volonté qu'une tentation inverse de régression menacera toujours... La mère entre dans le jeu, intègre son rôle, et l'on ne saurait lui en faire grief, puisqu'elle est bien, à ce stade, quelque chose comme un créateur pour sa créature.

Mais ce tête-à-tête ne saurait durer toujours. D'autres personnages entrent bientôt en scène - le père, bien sûr, mais aussi les frères et sœurs, les grands-parents - qui, prenant chacun leur place dans le panthéon personnel de l'enfant, en viennent à bousculer le monothéisme exclusif des premiers temps. Des rivalités d'influence nées autour de lui, le tout-petit sait tirer parti pour grandir. Il distribue ses dévotions, multiplie les chances d'obtenir ce qu'il désire en priant plus d'un dieu et découvre qu'il a lui-même le pouvoir d'ébranler la montagne en portant ses regards vers de nouveaux sommets... Peu de mères accepteront de perdre ainsi de l'altitude sans broncher. La plupart réagiront en pesant de tout leur poids sur la relation qui menace de leur échapper, usant tour à tour des terreurs et des séductions dont l'avantage leur est acquis et qu'elles ne perdront qu'à condition d'y renoncer. Car la force de l'emprise originelle est telle que rien ne peut en inquiéter la prégnance ni même - sinon la mère en personne - en affaiblir l'inscription.

Le culte de la déesse-mère est celui de toutes nos préhistoires, celle de l'humanité comme celle de nos premiers mois. Les Vénus stéatopyges du paléolithique en sont les premiers vestiges et leur canon physique - défini comme si elles étaient vues depuis le milieu de leur propre corps, c'est-à-dire précisément du point de vue du nourrisson - traduit mieux que bien des discours la fascination inquiète de l'être sans défense face au principe dont dépend toute sa fragile existence. Dans leur sillage, déjà adaptées à l'idéologie nouvelle des premiers agriculteurs, apparaîtront ensuite la Grande Déesse, que l'on retrouvera au berceau de chacune des grandes civilisations du Proche-Orient, la Maîtresse des animaux aux noms multiples, la Déesse-Montagne des Crétois puis des Mycéniens, toutes relevant d'un même phénomène religieux :

> C'était à l'origine un culte de la nature inspiré en premier lieu par la productivité de la terre qui, étant la Mère universelle, est capable de se reproduire elle-même et qui fut, dans la suite, associé à un jeune dieu mâle, son satellite[1].

Rapportée au contexte familial, cette divinité mâle et secondaire - dont on sait que toutes les conceptions religieuses ultérieures la placeront au premier plan - correspond évidemment à la figure du père. Mais un père tel que le perçoit d'abord l'enfant, à la manière d'un frère et donc d'un autre fils, dont il découvre peu à peu l'autonomie vis-à-vis de la mère et, mieux encore, les pouvoirs sur celle-ci, toutes choses qui en font à son tour un objet de vénération et, pour le petit garçon, un modèle enviable. Ce qu'il indique, c'est la voie d'une promotion dont la mère se fera ou non l'agent en s'effaçant avec plus ou moins de bonne volonté devant ce fils qui grandit et cherche à réduire son influence en s'identifiant au père.

La Vierge Marie, dans nos conceptions occidentales, incarne un type de mère particulièrement conciliante dont l'attitude sacrificatoire, si elle épargne au Christ la castration subie dans d'autres mythologies par Attis ou Osiris, ne lui évite pourtant ni les souffrances de la croix ni ce passage par la « case départ » dont la *Pietà* offre une image exemplaire. La grenouille s'est effectivement faite aussi grosse que le bœuf, mais à quel prix !

---

1. E.O. James, *Le Culte de la déesse-mère dans l'histoire des religions*, Éd. du Mail, 1989.

Le fils est devenu adulte, il s'est fait dieu - la chose est entendue - mais devrait-il pour autant n'adorer que lui-même ? La religion de la haute enfance n'a pas disparu, ses autels sont intacts et réclament l'encens comme jadis... La déesse-mère n'a pas renoncé à ses anciens privilèges, même sous les doucereuses apparences de la Vierge. Car celle-ci a beau être bonne et miséricordieuse, elle n'en est pas moins double. N'est-elle pas à la fois celle qui souffre humblement l'éloignement et la perte de son fils et celle qui, la lune sous ses pieds, trône à ses côtés pour les siècles des siècles ? Les noms de Mater dolorosa et de Reine de gloire ne lui conviennent-ils pas également ? Le titre de Mère de Dieu, arraché de haute lutte au concile d'Éphèse, en 431, et qui continue quinze siècles plus tard à diviser la chrétienté, n'exprime-t-il pas à merveille le compromis intervenu entre l'ancien et le nouveau ? Tour de force théologique, il parvient en effet à confirmer l'antériorité de la Mère tout en reconnaissant la primauté du Fils, lui-même identifié au Père et à son Verbe au sein d'une trinité divine...

La « carrière » du fils n'a rien qui puisse déplaire à la mère tant que celui-ci la reconnaît pour telle et pourvu qu'il aille crier sur tous les toits du monde combien grande est sa dette... Dans ces conditions, on peut même dire que cette « ascension » répond à ses attentes les plus profondes et les plus contradictoires. Car, comme l'écrivait Simone de Beauvoir, son fils,

> elle le veut infini et cependant tenant dans le creux de sa main, dominant le monde entier, et agenouillé devant elle[2].

La montagne a finalement accouché d'une montagne et qui s'en plaindrait dès lors que leur ressemblance témoigne suffisamment de ce que l'une est pour l'autre ? Au fond, le grand modèle de la mère occidentale est une mère comblée qui aurait bien mauvaise grâce à se montrer autrement que sous son meilleur jour. La reconnaissance filiale en rajoute - dans la version autorisée - sur son dévouement, sa bienveillance inouïs. L'entreprise d'idéalisation arrache les mauvaises herbes sur son passage et fait bon marché des aspects les plus sombres, ceux dont un petit animal, en nous,

2. Simone de Beauvoir, *Le Deuxième Sexe*, t. 2, deuxième partie, ch. VI, Gallimard, 1986.

conserve pourtant le souvenir... Mais plus question, adulte, d'accorder la moindre attention à ses babils puérils. Ce que l'on veut, à présent, c'est la paix, que tienne bon le *statu quo*, que rien ni personne, surtout, n'évoque la face cachée - l'ubac - de cette relation surexposée.

Certaines cultures semblent moins portées que la nôtre au refoulement systématique. Il semble que s'y soit maintenue à peu près intacte la violence de la déesse-mère, l'ambivalence fondamentale de l'être-monde qui peut tout autant retirer la vie que la donner, affamer que nourrir, déchirer qu'embrasser... L'Inde est de celles-ci, dont les déesses - leur culte est encore celui des villages - présentent fréquemment un aspect terrible qu'illustre spectaculairement Kâlî, « la Noire », celle que l'un de ses plus grands chantres - le poète bengali du XVIIIe siècle, Râmprasâd - décrit « nue, ivre, un cadavre pour assise », « le corps couvert de sang », « huit cents crânes à son cou, un glaive dans la main ». C'est bien elle, et sous cette forme, que, dans le Nord-Est du pays tout particulièrement, on vénère encore aujourd'hui sous le nom de « Mère », celle qui, à l'inverse de notre *Pietà* en pleurs, danse sur le corps de Shiva, son fils et son époux, tandis que « comme le tonnerre son rire retentit »...

Voilà qui semble plus conforme aux fantasmes de l'enfant qu'aux poncifs saint-sulpiciens de fête des Mères que l'homme adulte et « civilisé » brandit ici pour mettre ses peurs à distance. Ces évocations sanglantes le ramèneraient trop sûrement à l'épouvante de sa condition première, épouvante dont il n'a pas tort de craindre les effets régressifs tant Kâlî garde de pouvoirs sous le masque de Marie.

L'Occident, foncièrement dualiste, ne peut accepter, comme le fait si naturellement l'Orient, qu'une même réalité puisse revêtir des aspects aussi contradictoires. Il lui faut Satan pour contourner l'idée que le mal pourrait n'être qu'un aspect du bien. Il a besoin de la sorcière pour que se déchargent sur celle-ci tous les mauvais affects qui, laissés à l'abandon, risqueraient d'aller polluer la mère immaculée... De Kâlî, des Vénus de Lespugne ou de Willendorf, de Cybèle et d'Artémis, il ne nous reste qu'une odeur de chair et de cheveux brûlés, sans compter la petite vieille des contes, édentée et crasseuse, caricature qui ne fait pleurer que les petits enfants. Et pour cause ! Eux savent qui elle est...

> Ô ma langue, ne soit pas négligente,
> répète le nom de la Mère
> et ce qui doit être sera.
>
> Râmprasâd, *op. cit.*

Mais même derrière l'image pieuse et en dépit de tous nos exorcismes, de la violence demeure. Sous le silence et la blancheur de neiges que l'on voudrait croire éternelles, un volcan dort, ou fait semblant... La statue - Vierge aux couleurs fraîches - a une âme de pierre où l'on reconnaîtrait sans mal les formes de la déesse-mère pour peu que le bois béni, se fendillant un peu, nous les laisse entrevoir...

Mais à quoi peuvent lui servir ses anciens pouvoirs ? Y recourir lui permet d'abord de résister, sinon de faire obstacle à l'émancipation de son enfant, voire d'en inverser le processus lorsque celle-ci paraît acquise, chez l'adolescent ou même l'adulte. Elle peut également les utiliser à seule fin de faire monter les enchères des dédommagements qu'elle attend en échange : plus d'attention, plus de reconnaissance... En des moments où notre vulnérabilité affleure, certaines mères peuvent être tentées d'en tester l'efficacité, sous des formes souvent bénignes qu'elles aggraveront éventuellement si la réponse les y dispose, qu'elles la jugent insuffisante ou qu'elle les encourage au contraire à enfoncer le clou... Nos complaisances à la régression, en ces passages difficiles de l'existence, sont pour elles autant d'occasions d'aller vers une restauration plus affirmée de cet ordre ancien dont il n'est pas rare que la nostalgie les tenaille...

Leur propension à l'intrusion, par exemple, peut se limiter à quelques effets d'intuition comme elle peut tendre vers la maîtrise magique de notre intériorité. Ça commence avec : « Tiens, tu me téléphones, figure-toi que je pensais justement à toi », et ça peut culminer avec la folle prétention de nous connaître mieux que l'on ne se connaît soi-même... Notre situation se rapproche alors dangereusement de celle du nourrisson dont la mère perçoit et prévient tous les besoins et au nom duquel elle s'arroge un « Nous » de majesté qui ne lui fera pas craindre de dire : « Aujourd'hui, Nous avons bien joué avec Nos cubes » ou « Pour la première fois, Nous sommes allés tout seul au pot »...

Bien sûr, et comme le laisse clairement entendre l'emploi de la première personne du pluriel, le petit garçon ou la petite fille n'était pas seul ce jour-là... Sa mère y était aussi, aux premières loges même, avec son appareil photo et sa trousse de secours, spectre vigilant, ange gardien prêt à intervenir. Y sera-t-elle encore lorsque viendra pour sa progéniture le temps des premiers ébats, non pas en personne bien sûr - elle serait la première à trouver ça « malsain » - mais par délégation de pensées, conseils et admonestations jalousement interposés ?...

La négation de l'altérité de l'enfant par sa mère, prolongée parfois bien au-delà des frontières de l'enfance, puise là encore aux vieilles antiennes : nous ne faisons qu'un, tu es chair de ma chair ; rien de ce que tu es, de ce que tu fais, de ce que tu penses ne m'est étranger ; je suis là, partout, toujours, avec toi.

La mère intrusive n'est pas, comme on pourrait être tenté de le croire, une invention moderne. Guibert de Nogent, le premier mémorialiste du Moyen Âge, nous en fournit la preuve : il y a huit siècles, son regard lourd fracturait déjà l'intimité des fils.

> Ainsi, tandis que peu à peu croissait mon jeune corps, mon âme aussi était chatouillée par la vie du siècle, démangée, à sa mesure, par les concupiscences et les cupidités. Mon souvenir me représentait sans cesse à peu près les mêmes choses, en une incessante rotation, à savoir quel homme, quel grand personnage je pourrais devenir dans le monde [...] ; or toi, Dieu bon qui prends soin de tous, tu révélais tout cela à ta servante ma mère et en quelque état, sain ou malsain, que fût réduite ma fragile conscience, elle en percevait l'exacte nature à l'instant même, non sans que tu l'eusses voulu, Seigneur. [...] Sitôt donc que sa pieuse pensée était traversée de cette importune vision, elle qui, pour résoudre de tels problèmes, était extraordinairement fine et perspicace, aussitôt, dis-je, interprétant comme présage le désagrément que lui causaient ses songes, elle me faisait venir et, en

> grand secret, elle révisait avec moi mon application à l'étude, mes actes et mes occupations[3].

C'est bien sûr au moment où Guibert, sur le point de devenir adulte, s'abandonne imprudemment à la volupté d'imaginer l'homme - le « grand homme » - qu'il sera, que sa mère, avertie par ses visions, sanctionne l'orgueilleux enfant et le remet sur la voie d'une sainteté dont elle contrôle d'autant mieux les accès et les écarts qu'elle en est elle-même le modèle. L'adolescent peut alors mesurer l'emprise qu'elle conserve sur lui, sous une forme d'ailleurs si extravagante et proche de la magie qu'il a besoin de la caution du Père céleste pour en garantir l'orthodoxie. Car les pouvoirs évoqués sont bien ceux d'un dieu, d'un démiurge à tout le moins, pour lequel le cœur de sa créature est lisible à livre ouvert...

Que cette représentation ne soit qu'un fantasme de l'enfant, dont la mère ne serait pas elle-même responsable, ne change pas grand-chose à l'affaire. Point n'est besoin, en effet, pour qu'elle exerce son magistère, que la mère de Guibert voit *vraiment* en songe tout ce qui traverse l'esprit de celui-ci. Il suffit - et c'est en quelque sorte le « truc » qui réduit à un habile tour de passe-passe ce qui pouvait passer pour de la magie - que le fils y croie et que la mère, le sachant, se laisse aller à en faire quelque chose... Comment trouverait-elle la force de le détromper, de lui expliquer qu'il n'y a là que coïncidences sans intérêt, tant que son intérêt à elle, ou les intérêts supérieurs qu'elle peut toujours invoquer, lui enjoignent précisément de pérenniser la vieille superstition dont elle se découvre l'objet ? Comment les mères ignoreraient-elles qu'elles gardent sur nous au moins quelque chose de l'empire qu'elles eurent sur le nourrisson et comment, surtout, ne le défendraient-elles pas contre l'oubli, contre le temps, qui le réduisent à la manière d'une peau de chagrin et d'amertume ?

Si elles ne connaissent pas tous nos secrets, elles en connaissent au moins un et ce n'est certes pas le moindre. Ce qu'elles savent de nous, en vérité, nous l'ignorons nous-mêmes. Le secret de notre naissance et de notre conception leur appartient. Tels qu'elles nous

3. Guibert de Nogent, *Autobiographie*, Belles Lettres, 1982.

ont vus, portés, touchés, embrassés, nous n'avons même pas mémoire d'avoir été. Elles furent des déesses pour nous, d'elles nous avons attendu le meilleur et redouté le pire, et cette relation, même si elles cessent un jour d'en être l'objet, elles en restent au moins les maîtresses dans le souvenir.

C'est l'instrument de leur pouvoir qui est en nous, pas elles. Un instrument qui nous est inaccessible et dont elles ont la clef du placard. Les mères sont toutes un peu femmes de Barbe-Bleue : rares sont celles qui résistent à l'envie d'ouvrir et d'en jouer...

Mais il y a pire encore que la mère intrusive. Celle-là, au moins, éprouve le besoin d'aller y voir. Sa curiosité est l'indice d'un soupçon : nous *pourrions* être autre. Cette possibilité est malgré tout l'indice que quelque chose a changé, que nous avons pris du champ, en chemin... Certaines mères vivent dans la certitude qu'elles n'ont même pas besoin de l'effraction pour nous connaître à fond. Elles nous connaissent comme si elles nous avaient fait - et c'est d'ailleurs le cas. Pour toujours, nous resterons dans leurs jupes-montagnes, crinolines dont nous n'avons nul besoin de chercher la sortie : nous y sommes si bien ! Jamais nous ne serons adultes et même si nous jouons à l'être, elles savent bien que nous ne sommes au fond que de grands enfants, inoffensifs et maladroits... La relation infantile est cette fois gelée purement et simplement. Il n'y aura jamais de conflit, le terrain de l'affrontement restant lui-même impensable. Plus d'histoire possible, dans ces conditions ; seule demeure l'éternité d'un lien absolu, définitif, ne souffrant aucune évolution. Dans l'œil de ces mères-là, l'échelle est restée la même qu'autrefois. Comme l'arbre peut cacher la forêt, la souris leur cachera toujours celle ou celui que nous sommes devenus entre-temps.

Un amour aveugle, inconditionnel, ne tenant compte d'aucun fait et niant jusqu'à l'évidence, voilà ce qui caractérise la « trop bonne mère ». Le cinéma, la scène ont popularisé la figure de la « yiddish mama » dont la capacité de déni paraît si grande qu'elle en devient burlesque. Une histoire juive, citée par David Cooper, illustre bien de quoi il est question ici :

Un jeune homme tomba amoureux d'une belle princesse qui habitait

> une ville voisine. Il voulut l'épouser, mais elle y mit la condition qu'il lui rapportât le cœur de sa mère. Il rentra chez lui et, profitant du sommeil de sa mère, lui découpa le cœur. À moitié satisfait seulement, il courut à travers champs vers la princesse. À un moment donné, il trébucha et tomba. Le cœur s'échappa de sa poche et, comme le jeune homme était étendu là, le cœur lui dit : « Tu t'es fait mal, mon fils chéri ? »[4].

Vouloir jouer à la grande personne, épouser une femme, tuer sa mère, tout cela est anodin comme un caprice d'enfant et seule importe en définitive l'égratignure que le galopin a pu se faire en tombant. Comment penser sérieusement qu'il puisse être capable de tant d'initiative et d'une violence pareille, ce petit être de rien du tout qui, hier encore, avait besoin d'elle pour se moucher ?

Pour paraphraser Voltaire disant qu'il n'y a pas de grand homme pour son valet de chambre, on pourrait dire qu'il n'y a pas non plus de « Monsieur » qui tienne devant sa maman...

Si la cristallisation amoureuse tend à « grandir » l'objet, l'amour maternel est plutôt porté, quant à lui, à le « rétrécir », non pas en lui donnant moins d'importance, mais en le ramenant à ses proportions infantiles. Ce qui compte ici, c'est de sauvegarder coûte que coûte un « rapport », un quotient entre deux grandeurs. Plus celui-ci demeurera élevé plus, à l'intérieur de la relation, la sollicitude du tout-puissant ira de soi, plus sa protection témoignera de bénévolence. Si celle qui a le pouvoir de nous anéantir choisit de nous porter aide et secours, comment aurions-nous encore l'audace de mettre en question son amour ? Il est si flagrant qu'il ne se discute pas. C'est le fondement même du culte que nous devons à nos mères, son dogme capital. Et cela, loin de ne concerner que les « bonnes », regarde aussi les « mauvaises », celles qui, tout en refusant la tendresse ou l'assistance à leurs enfants, ne supportent pas plus que l'on remette en cause leurs sentiments maternels. On se souvient de la fin de *Poil de carotte* où celui-ci est rappelé à l'ordre au moment où, se croyant seul, il se laisse à penser tout haut :

4. David Cooper, *Mort de la famille*, Le Seuil, 1975.

- Personne ne m'aimera jamais, moi !

Au même instant madame Lepic, qui n'est pas sourde, se dresse derrière le mur, un sourire aux lèvres, terrible.

Et Poil de carotte ajoute, éperdu :

- Excepté Maman[5] !

Cet amour-là n'endure pas le doute. Sa preuve est faite tandis que la nôtre manque. Preuve par neuf des neuf mois de grossesse, d'épreuves et de patience ; preuve par le sang de l'accouchement qui en est comme la croix, la Passion... Plus une question qui ne fasse figure de blasphème si nous avons franchi le seuil de l'irrécusable : il nous faut croire en l'histoire ancienne, au mythe de nos origines. Comme il y a les six jours de la Création, il y a les neuf mois passés dans son ventre. La vie de l'enfant, une fois élevé, sera comme le dimanche de la sienne, une vie de sacrifice qui ne demande, en échange, qu'un peu de reconnaissance... Enfin, elle regarde son œuvre et, sans douter qu'elle soit bonne, attend pour en juger que celle-ci se souvienne et le dise.

Si peu que nous laissions paraître d'oubli et c'est on ne sait quelle créature contre nature que nous avouons être. Va-t-il bientôt prétendre, l'animal, qu'il est né tout armé du crâne ou de la cuisse de Jupiter ? Le monstre insinuerait-il qu'il s'est fait tout seul, par l'opération du Saint-Esprit ? Que ce qu'il est aujourd'hui n'est pas entièrement dû à des soins opiniâtres ? Cette insolence éveille plus que tout le courroux maternel et persister dans cette voie impie nous menace du terrible déballage où rien ne sera épargné à nos proches du grand livre de nos genèses intimes... Pourtant, un rien l'apaise. D'un mot, d'un seul mot qui, semble-t-il, condense toute l'essence de sa liturgie, nous pouvons la combler en lui signifiant notre soumission. Deux syllabes humides, que nous avons bredouillées dans l'absolue dépendance et qui brillent à ses yeux d'un éclat singulier : « Maman »... Comme une idole réclamant des prières, comme une receleuse de secrets, elle nous fait chanter - c'est son nom qu'elle nous fait chanter.

5. Jules Renard, *Poil de carotte*, Flammarion, 1975.

> Ce procès entre mère et fils,
> il va faire grand bruit,
> mais je ne m'arrêterai
> que lorsqu'en ton sein
> j'aurai trouvé la paix.
>
> Râmprasâd, *op. cit.*

Un nom qui fut toute notre langue quand nous étions dans la préhistoire et qui devint un peu plus tard, en la haute antiquité de notre petite enfance, celui du seul dieu que nous adorions. Un nom qui était demeuré sacré au temps de notre Moyen Âge mais qui n'est plus, à l'âge de raison, qu'une sorte de reconnaissance de dettes dans un monde désenchanté, bourgeois... La perspective nous montre la déesse d'autant plus menue que nous nous en sommes peu à peu éloignés. Ses prérogatives, même si elle n'y a pas renoncé, perdent de leur envergure et se réduisent aux dimensions du monde profane, un peu étriqué, où nous vivons désormais. Déesse-mère, elle était nourricière et ne l'est plus aujourd'hui qu'à la faveur du déjeuner dominical ; elle lisait dans nos pensées et se contente à présent de laver notre linge sale. De même, à défaut qu'un culte lui soit rendu, elle s'accommodera bon gré mal gré de ce qu'on lui *rachète* par notre affection la peine qu'elle a prise autrefois... Car si le paradigme religieux ne fonctionne plus, il faut qu'un autre le remplace et, en toute logique historique, c'est le modèle marchand qui s'en charge.

Ayant enfin réussi à grandir, venus à bout de tous les pièges régressifs, rien ne nous est plus pressé que d'en finir avec les croyances du passé. L'adolescence dure tant que dure cette période d'iconoclasme révolutionnaire. L'adulte - nous l'avons déjà dit - aspire quant à lui à la paix. Il montre des signes d'apaisement, signe des compromis, s'engage à indemniser celle qu'il reconnaît avoir lésé en martelant ses images, en raillant son nom. Les mères, celles qui se consolent le plus mal qu'on ne leur sacrifie plus, peuvent en profiter pour abattre leur dernière carte. Elles ouvrent les livres de comptes, réclament leur dû, invoquent en créancières qu'elles sont devenues le montant vertigineux des arrérages dont nous ne serions pas quittes. Mis en demeure, menacés de saisie en leur for intérieur, fils et filles s'empressent de montrer qu'ils savent au moins ce qu'ils doivent. La vie de famille, généralement, y regagne en peu de temps le terrain perdu un peu plus tôt...

Parmi les mille visages que peut prendre la mère, il y a aussi celui de Shylock, un Shylock un peu particulier, il est vrai, exigeant avant tout que l'on se souvienne de la livre de chair qu'il nous arriva d'être un jour en son ventre.

Mais que ne lui devons-nous pas ? Comme l'argent de la dette n'est pas gagné qu'il est déjà dépensé, l'amour d'un enfant pour sa mère n'est pas encore donné qu'il est déjà dû. Mon amour lui est acquis, lui revient de droit, et dans une mesure telle que quel que soit le don il n'épuisera pas la dette. Comment en effet pourrait-on *rendre* la vie que l'on nous a donnée ? Tant je donnerai tant je me montrerai solvable, plus je donnerai plus il semblera que j'honore un marché, fixé de toute éternité et dont j'ai dû reconnaître les termes en gonflant d'air mes poumons pour la toute première fois... Comment, dans ces conditions, mon amour pourrait-il ne pas se dévaluer et quelle est cette singulière violence qui me prive du don en m'enfermant dans le *devoir* ? Il y a dans ce mouvement une folie inflationniste où tout amour véritable ne peut que s'épuiser, se décourager, faute de pouvoir mettre fin à cette spirale où il faut en faire toujours plus, sans cesse battre monnaie de ses sentiments, la satisfaction de l'autre n'étant jamais acquise pour autant.

Certaines mères se mettront dans des situations de détresse telles, exhiberont tant de souffrance, qu'elles donneront effectivement une « chance » à leurs enfants de leur *rendre* la vie, étant elles-mêmes sur le point - imaginaire ou réel - de la perdre. La mise en scène peut aller si loin que le drame finit quelquefois par se produire, le miracle attendu n'ayant pas lieu et la mort survenant alors comme le prix à payer pour cette insuffisance, comme le « trou » laissé par cet impossible remboursement. Une nouvelle fois, le jeu ne paraît pas égal. Ce n'est qu'en en dénonçant les règles que l'on peut espérer sortir du cercle vicieux où il risque d'enfermer nos vies... et les leurs.

Pour être tenus par une si grande obligation, il faudrait encore que nous ayons passé contrat, que nous ayons signé quelque chose, quelque clause lilliputienne, par exemple, au bas de notre extrait de naissance... Quand et, surtout, comment l'aurions-nous fait ? Quelque chose a-t-il eu lieu, à notre insu, dont nous aurions perdu mémoire ? Un pacte, une entente secrète entre elles et nous, dans le dos des pères, dans l'intimité de la grossesse ou des premiers jours ? Il y a là, peut-être, un effet d'« ombre parlée » - l'expression est de Piera Aulagnier -, une projection sur l'*infans* sans voix des significations portées par la mère. Mais sommes-nous pour autant responsables ?

À moins qu'il ne s'agisse d'autre chose encore... Le droit, en effet, nous apprend que, dans certaines circonstances, l'obligation peut se passer du contrat :

> La source essentielle de l'obligation est le contrat, convention par laquelle débiteur et créancier s'accordent pour faire naître l'obligation. Mais le Code civil admet des obligations extracontractuelles : entre autres, les obligations nées de délits ou quasi-délits, c'est-à-dire de fautes causant préjudice à autrui : l'auteur de la faute est tenu de l'obligation de réparer ce dommage[6].

Nous y voilà. L'obligation est donc immanente à la faute. Du quasi-délit d'être nés, nous devrions payer les pots cassés. Racheter le préjudice causé à nos mères en leur donnant du mal, en les faisant vieillir avant le temps, en les privant de tout ce dont nous avons pris la place... Tout ce qui leur en coûta mais qui, transfiguré par le sacrifice, ne pouvait plus être investi normalement par l'animosité, voire la haine passagère, qu'elles auraient pu ressentir à notre égard. Le dogme, impitoyablement, leur ordonnait de nous aimer... Le destin de ces mauvais affects allait donc être de rester en puissance, en réserve de Kâlî et de l'ogresse, dont les images grandiraient en nous à mesure que le refoulé s'épaissirait en elles. Et pour les contenir, les garder à distance, notre dévotion, notre reconnaissance.

L'amour des mères est un dogme, mais seule la reconnaissance des filles et des fils en fait un principe actif, agissant. Qu'elle ne réponde plus et le système s'enraye. La mère doit s'abîmer dans un nouveau cycle sacrificatoire - de créancière se faire mendiante -,

6. Alex Weill et François Terré, *Droit civil : les obligations*, Dalloz, 1986.

ou bien laisser éclater sa violence et perdre ainsi tout ce qu'elle gagne à la contenir... La reconnaissance est le point central en même temps que le point faible de la religion des mères, celui auquel il faut s'attaquer si l'on veut réduire son empire. D'aucuns ne s'y sont pas trompés...

En 1802, Gabriel Legouvé, grand artisan du culte maternel, écrivait en son *Mérite des femmes*, ouvrage réédité quarante fois au XIXe siècle, cet alexandrin impeccable à plus d'un titre : « La mère est ici-bas le seul dieu sans athée. » Un an plus tôt, le Concordat était signé entre Napoléon Ier et le pape Pie VII, ouvrant la voie à la rechristianisation du pays. Deux défaites qui ne font qu'une, assurément, pour le marquis de Sade, arrêté la même année avant d'être définitivement interné à Charenton, et qui, durant toute la période précédente, n'avait cessé de s'attaquer à l'une et l'autre forme de religion avec la même violence. Le lien entre les deux ne lui échappait manifestement pas, *La Philosophie dans le boudoir* (1795) conjuguant les deux thèmes en toute conscience et avec un art consommé de l'argumentation croisée. Deux libertins, Domancé et Mme de Saint-Ange, s'y chargent de l'éducation de la jeune Eugénie, éducation dont sa mère, Mme de Mistival - dévote indécrottable -, fera bientôt les frais, tandis qu'est lu à haute voix l'opuscule intitulé *Français, encore un effort si vous voulez être républicains*, l'un des plus grands manifestes athées jamais écrits... Dans d'autres textes, plus anciens, c'est précisément l'idée que nous devrions quelque chose à nos mères qui est visée :

> Cet être que j'attaque, c'est l'être qui m'a porté dans son sein. Eh quoi, ce serait cette vaine considération qui m'arrêterait, et quel titre aurait-elle pour y réussir ? Songeait-elle à moi cette mère, quand sa lubricité la fit concevoir le fœtus dont je dérivais ? Puis-je lui devoir de la reconnaissance pour s'être occupée de son plaisir[7] ?...

Avec le marquis, nous le voyons, nous sommes aux antipodes de la conception chrétienne de la mère. Sa sexualité fait retour et, pour autant, la Vierge n'est pas démonisée, sa *lubricité* étant, dans

7. Sade, *Les Infortunes de la vertu*, cité par Pierre Klossowski, *in Sade mon prochain*, Le Seuil, 1947.

le système de Sade, pleinement justifiée par la nature. Nous sommes ici en présence d'une tentative radicale, unique, d'« athéiser » la mère, d'en vider la représentation de tout contenu religieux.

Tentons, dans cette perspective sacrilège, de penser avec d'autres ce que pourraient être les conditions de cet « athéisme » libérateur vis-à-vis de la mère. En l'occurrence, et tenant compte d'une situation initiale sur laquelle nous ne reviendrons pas, il semble bien que la seule chance d'y parvenir soit que le dieu lui-même y mette du sien... En effet, si la mère prétend conserver intacte la position qu'elle occupe au départ, il n'y a pas de place pour un être nouveau, différencié, pas de vide où celui-ci puisse initier et développer le jeu de son altérité. Dans la pensée juive, on appelle *zimzum* ce retrait volontaire du Créateur qui, en se dissociant de l'Infini avec lequel il se confond d'abord, détermine un espace libre pour sa création. Isaac Luria, le grand kabbaliste du XVIe siècle, écrit sans détour : « Dieu fut contraint de faire une place pour le monde, en abandonnant une région de lui-même. » Une région de lui-même qui n'est plus lui-même et qui, entrée en pleine possession de son destin, ne saurait lui faire retour que par un acte d'amour tout aussi volontaire...

Ce que Dieu peut, toute mère « suffisamment bonne » ne le pourrait-elle pas ? Car il en est bien ainsi de la *good enough mother* de D.W. Winnicott. Si celle-ci commence par « coller » très étroitement aux besoins de l'enfant, lui donnant l'illusion nécessaire qu'il n'y a pas rupture entre le monde intérieur de ses désirs et le monde extérieur de leur réalisation, elle diminue ensuite son adaptation, très progressivement,

> en suivant la capacité qu'a l'enfant qui grandit de s'arranger avec ce qui fait défaut, par la compréhension, la tolérance à la frustration [...][8].

Et c'est précisément en choisissant de n'être pas une « trop bonne mère » - ce qui rendrait le sevrage autrement difficile - que cette mère-là est encore la meilleure possible. En étant elle-même,

8. D.W. Winnicott, lettre à Roger Money-Kirle du 27-11-1952, *in Lettres vives*, Gallimard, 1989.

en laissant parler sa fatigue, son désir d'être autre chose qu'une mère, en retrouvant peu à peu une indépendance normale, déculpabilisée vis-à-vis de son enfant et non en entrant dans le jeu dangereux de la déesse.

Il est ici de la toute première importance que ce désinvestissement, ce désintérêt relatif relève autant de l'amour de soi que du souci de l'autre, l'émancipation de la mère allant du même pas que celle de l'enfant. Il ne doit être ni un abandon ni une forme quelconque de sacrifice, car dans un cas comme dans l'autre les mécanismes compensatoires du culte ou de la dette s'en trouveraient aussitôt réactivés... Le « dévouement normal » dont parle encore Winnicott paraît une voie praticable entre Charybde - le gouffre d'indifférence - et Scylla - la montagne d'omniprésence -, l'un n'étant au fond que l'envers de l'autre et tous deux s'avérant également mortifères.

C'est une lourde charge que d'être tout-puissant et, sans doute, y a-t-il quelque bonheur à recouvrer figure humaine. Plus besoin, dans ces conditions, de nier l'existence de Dieu : la métamorphose, à elle seule, témoigne. La déesse s'avère ne plus être en nous qu'une image, que nous pouvons regarder en face à présent que nous n'en avons plus peur... Reste *quelqu'un*, une personne réelle, à notre échelle, que nous avons enfin la liberté de rencontrer et d'aimer... Au-delà de la reconnaissance, peut-être pourrions-nous devoir à nos mères de ne rien leur devoir, d'avoir su nous laisser devenir ce que nous sommes en demeurant fidèles à elles-mêmes, de nous avoir donné - et non seulement *prêté* - la vie, une vie qui peut nous appartenir en propre dès lors qu'est levée la trop pesante hypothèque...

Plus de montagne, plus de souris, deux êtres humains à mi-chemin.

Georges Gottlieb

Remous, l'âme enfantine

« Les poètes de sept ans », Arthur Rimbaud ;
« Poil de carotte », extrait du « Journal » de Jules Renard.

Les poètes de sept ans

À F.M.P. Demeny.

Et la Mère, fermant le livre du devoir,
S'en allait satisfaite et très fière, sans voir,
Dans les yeux bleus et sous le front plein d'éminences,
L'âme de son enfant livrée aux répugnances.
Tout le jour il suait d'obéissance ; très
Intelligent ; pourtant des tics noirs, quelques traits
Semblaient prouver en lui d'âcres hypocrisies.
Dans l'ombre des couloirs aux tentures moisies,
En passant il tirait la langue, les deux poings
À l'aine, et dans ses yeux fermés voyait des points.
Une porte s'ouvrait sur le soir : à la lampe
On le voyait, là-haut, qui râlait sur la rampe,
Sous un golfe de jour pendant du toit. L'été
Surtout, vaincu, stupide, il était entêté
À se renfermer dans la fraîcheur des latrines :
Il pensait là, tranquille et livrant ses narines.

Quand, lavé des odeurs du jour, le jardinet
Derrière la maison, en hiver, s'illunait,
Gisant au pied d'un mur, enterré dans la marne
Et pour des visions écrasant son œil darne,
Il écoutait grouiller les galeux espaliers.
Pitié ! Ces enfants seuls étaient ses familiers
Qui, chétifs, fronts nus, œil déteignant sur la joue,
Cachant des maigres doigts jaunes et noirs de boue
Sous des habits puant la foire et tout vieillots,
Conversaient avec la douceur des idiots !
Et si, l'ayant surpris à des pitiés immondes,
Sa mère s'effrayait ; les tendresses, profondes,
De l'enfant se jetaient sur cet étonnement.
C'était bon. Elle avait le bleu regard, - qui ment !

À sept ans, il faisait des romans, sur la vie
Du grand désert, où luit la Liberté ravie,

Forêts, soleils, rives, savanes ! - Il s'aidait
De journaux illustrés où, rouge, il regardait
Des Espagnoles rire et des Italiennes.
Quand venait, l'œil brun, folle, en robes d'indiennes,
- Huit ans, - la fille des ouvriers d'à côté,
La petite brutale, et qu'elle avait sauté,
Dans un coin, sur son dos, en secouant ses tresses,
Et qu'il était sous elle, il lui mordait les fesses,
Car elle ne portait jamais de pantalons ;
- Et, par elle meurtri des poings et des talons,
Remportait les saveurs de sa peau dans sa chambre.
Il craignait les blafards dimanches de décembre,
Où, pommadé, sur un guéridon d'acajou,
Il lisait une Bible à la tranche vert-chou ;
Des rêves l'oppressaient chaque nuit dans l'alcôve.
Il n'aimait pas Dieu ; mais les hommes, qu'au soir fauve,
Noirs, en blouse, il voyait rentrer dans le faubourg
Où les crieurs, en trois roulements de tambour,
Font autour des édits rire et gronder les foules.
- Il rêvait la prairie amoureuse, où des houles
Lumineuses, parfums sains, pubescences d'or,
Font leur remuement calme et prennent leur essor !

Et comme il savourait surtout les sombres choses,
Quand, dans la chambre nue aux persiennes closes,
Haute et bleue, âcrement prise d'humidité,
Il lisait son roman sans cesse médité,
Plein de lourds ciels ocreux et de forêts noyées,
De fleurs de chair aux bois sidérals déployées,
Vertige, écroulements, déroutes et pitié !
- Tandis que se faisait la rumeur du quartier,
En bas, - seul, et couché sur des pièces de toile
Écrue, et pressentant violemment la voile !

26 mai 1871.

Arthur Rimbaud

*
* *

« Poil de carotte », extrait du « Journal » de Jules Renard

Mme Lepic avait la manie de changer de chemise devant moi. Pour nouer les cordons sur sa gorge de femme, elle levait les bras et le cou. Elle se chauffait aussi à la cheminée en retroussant sa robe au-dessus des genoux. Il me fallait voir sa cuisse ; bâillant, ou la tête dans les mains, elle se balançait sur sa chaise. Ma mère, dont je ne parle qu'avec terreur, me mettait en feu.

Et ce feu est resté dans mes veines. Le jour, il dort, mais la nuit, il s'éveille, et j'ai des rêves effroyables. En présence de M. Lepic qui lit son journal et ne nous regarde même pas, je prends ma mère qui s'offre et je rentre dans ce sein dont je suis sorti. Ma tête disparaît dans sa bouche. C'est une jouissance infernale. Quel réveil douloureux, demain, et comme toute la journée je serai triste ! Aussitôt après, nous redevenons ennemis. C'est maintenant moi le plus fort. De ces bras dont je l'enlaçais passionnément, je la jette à terre, l'écrase ; je la piétine, et je lui broie la figure sur les carreaux de la cuisine.

Mon père, inattentif, continue de lire son journal.

Jules Renard

Immergé - submergé

Pierre Pachet

« On est bien, immergé. Et sans que l'on sache pourquoi, voilà que cette flottaison heureuse, au bord de l'engloutissement, les yeux clos, l'attention engourdie, pleine des bruits de la maison, voilà que tout se renverse, et que tout l'espace domestique veut vous avaler et vous avaler encore. » Alors, en vous, une force, une force inconnue de vous, une force qui prend des forces, une petite violence toute neuve s'arme. Vous tirez sur la famille, de toute votre haine naissante.

Je parle comme quelqu'un que certains traits de la vie de famille exaspèrent : expressions lancinantes (« Tu sais bien que ton père... »), épisodes dont le récit est inlassablement répété dans les mêmes termes, avec la même vivacité fausse, quand il est clair qu'au souvenir de l'épisode s'est substitué une fois pour toutes le souvenir de cette formulation satisfaisante. À ces moments-là la famille apparaît aux yeux de l'enfant comme une petite fabrique de stéréotypes, ou plutôt comme un atelier de conditionnement de stéréotypes. On n'y fabrique, on n'y invente rien : on met en boîte et on lance sur le marché des expressions toutes faites, souvent faites ailleurs. On partage un lexique qui sert à nommer les meubles familiers, les pièces (tel cagibi, qui a un nom propre), les membres de la famille eux-mêmes, les fonctions naturelles. À l'enfant de savoir alors s'il adopte ces expressions, pour se faire à son tour l'agent de leur circulation, ou s'il s'en désolidarise.

Il n'y a pas que des expressions, que du langage. Il y a des façons de faire, des stéréotypes de gestes, d'attitudes, d'habitudes. Il y a aussi la pesanteur exercée par ce petit satellite qui se prend pour une planète, et ne veut pas savoir que les autres familles ont autant de droits que celle-ci à... à tout ce à quoi une famille prétend : un coin de sable sec, une part d'ombre ou de soleil, un accès à l'eau, un peu de silence, une vue sur la mer ou sur la tribune. Une famille, ça ressemble de façon effrayante à une société ; mais c'est une fausse société. C'est plutôt une patrie, qu'il faut aimer, que l'on ne peut qu'aimer (puisque c'est là que se trouvent papa et maman - c'est peu de dire qu'ils s'y trouvent). Une patrie non plus, ce n'est pas une société ; se présentant comme patrie, ça nie être une société : une société dans laquelle, par exemple, des intérêts divergents pourraient entrer en conflit, une société où les conflits seraient réglés, non par l'exercice de l'autorité ou par la violence, mais en appliquant des règles admises par tous. « Tu ne vas pas demander à ton frère de te verser des intérêts, quand même ! » En effet.

Je parle de la famille petite-bourgeoise, de la famille de masse, celle qui est devenue la norme. Pas de la famille aristocratique, ou qui se sent telle, rassemblée autour d'un fief, d'une possession, d'un nom antique ou illustre ; ou d'un héritage moral, religieux, d'une appartenance minoritaire. La famille aristocratique considère qu'elle vit pour entretenir un culte et pour former des enfants dignes de le desservir ; c'est toujours, bien que dégradée, la famille romaine décrite par Fustel de Coulanges dans *La Cité antique*, cette institution dans laquelle il nous a appris à reconnaître la base de la société romaine. Périodiquement, des idéologues continuent à essayer de croire et de faire croire que cette famille-là existe encore, qu'elle peut servir à la fois de modèle et de base à nos sociétés.

La famille dénudée

Mais non. Ce qui existe réellement, et se répand, et qu'il faudrait savoir regarder, c'est une famille *dénudée*, dépourvue de culte, de fondement culturel, de généalogie. Une famille sans ancêtres. Sans livres, sans galerie de portraits. À la mort des parents, les biens que l'on se dispute ou dont on cherche à se débarrasser y sont à la fois encombrants, et misérables. Curieusement, la famille dénudée n'est d'ailleurs pas sans liens avec la famille aristocratique : elle a hérité de sa morgue, de son sentiment de supériorité jalouse, en profitant du mouvement de démocratisation des mœurs aristocratiques décrit avec impartialité scientifique par Norbert Elias. Aussi pauvre qu'elle soit, cette famille n'a pas seulement des possessions, un logis avec une boîte à lettres, un téléphone et ce cinéma privé qu'est un poste de télévision ; elle a aussi une carte de visite fixée en dessous de sa sonnette, et ne se refuse pas le plaisir d'engager des recherches généalogiques sur ses origines, comme si elle espérait remonter à Godefroi de Bouillon.

Au terme de ce mouvement, la famille ne fait pas que se démocratiser : elle s'individualise. Elle se colle à l'individu, devient pour lui portative. C'est-à-dire que chacun, paradoxalement, en a une, puisqu'elle cesse à peu près d'être définie par la valeur qui est à son centre, pour n'être plus découpée que par le point de vue d'un individu. Ma famille, dès lors que je deviens un adulte, c'est l'intersection entre la famille qui m'a fait (et que j'ai reçue de mes deux parents), celle que j'ai fondée, et éventuellement celle que m'apporte mon conjoint. Conséquence : deux frères ou sœurs peuvent avoir deux familles (légèrement ou foncièrement) différentes. Le mari et la femme se souviennent de temps à autre qu'ils n'ont pas la même famille. Quelquefois ils vont jusqu'à ne pas porter le même nom. Paradoxalement, on voit se multiplier les patronymes doubles : si ce n'est qu'il s'agit désormais, non plus comme au XIXe siècle de célébrer l'alliance de dynasties bourgeoises, mais de déférer au désir qu'éprouvent nombre d'individus de choisir parmi des patronymes possibles, voire de se composer à la carte un nom de famille. Si l'on accompagne encore un peu le mouvement qui à la fois diffuse la famille, et la dissout, on voit qu'elle cesse d'avoir une circonscription nette, ou plutôt que sa définition est l'enjeu de conflits impossibles à régler. Un tel fait-il ou non partie de « la » famille ? Confiée aux fluctuations de la parole, ballottée au gré des crises et des conflits, « la famille », insaisissable, illocalisable, indéfinissable, semble n'être plus que cette question même.

À certains moments, il semble que la famille, réduite, resserrée, menacée par le froid extérieur, ait pour seule vocation spirituelle de célébrer sans enthousiasme la religion de sa propre déchéance, à travers le culte frustrant du père humilié : qui souffre, fut prisonnier, n'a pas été reconnu dans son génie, que son honnêteté a desservi, que ses frères et sœurs ont spolié, à qui la captivité a volé cinq années de sa jeunesse, que les emprunts russes ont ruiné.

Simultanément la famille, loin de disparaître, se faufile, s'insinue, cherchant aveuglément à survivre à la crise, à hiverner en attendant des jours meilleurs, voire à s'adapter à ce qui paraît un monde invivable pour elle. Comme si quelque chose nommé « famille » cherchait à durer, se sachant porteur d'un contenu obscur, irremplaçable et menacé.

Quel est ce contenu ? En attendant qu'il se révèle, la famille paraît incroyablement vide ou presque vide, comme réduite à un essentiel insaisissable. En elle, les enfants perçoivent surtout une fonction économique, d'abri et de garde-manger (de réfrigérateur) : ici il y a à manger pour toi, ta place est réservée, personne ne peut te la prendre. C'est le lieu du monde qui a vocation à les accueillir, qui ne peut les traiter en étrangers (comme un parasol aux rayures et aux couleurs impossibles à confondre avec d'autres, piqué dans le sable de la plage, que l'on reconnaît de loin, et qui fait un peu battre le cœur). Mais cette fonction économique recouvre une réalité plus ténue et plus difficile à défaire : ces gens qui vous accueillent et vous nourrissent ont vocation à vous connaître, ils ne vous confondent avec personne, et finalement ils en savent sur vous - vos goûts, vos désirs, vos besoins - plus que vous-même. La seule chose qui soit vraiment à soi, en famille, ce ne sont pas les petits objets qu'ils vous ont offerts ou laissé prendre, ce sont de misérables bouts de pensées, des émotions dépourvues de contours et de sens, ce que vous avez fait pousser en vous-même en vous cachant de leurs regards, en vous protégeant des phrases et des chansonnettes qu'ils introduisaient de force dans votre tête - cette tête qui était à eux, qui était une pièce de l'appartement.

Ils vous connaissent depuis l'époque où vous étiez leur chose, cette époque dont vous ne vous souvenez pas et dont ils rient ensemble en vous regardant, dans ces moments où ils veulent vous maintenir dans l'enfance telle qu'ils la conçoivent, vous « cuculiser » comme dit le héros du *Ferdydurke* de W. Gombrowicz.

La famille est l'endroit où l'on fabrique, où l'on entretient et où l'on maintient les humains, où on les pourvoit d'une odeur d'appartenance qui les distingue, sans qu'eux-mêmes la connaissent. Cette odeur d'humains bouillis, entassés et lessivés est, pour chacun des membres de la famille, un fond aussi neutre qu'un air pur ; la seule odeur qu'ils perçoivent et qui les gêne est celle de la famille d'à côté. Dans l'appartement, les murs d'une chambre, même fermée à clef, ne sont pas capables de vous dispenser de cette odeur vitale, de vous la faire oublier. La famille veut exister, en vertu d'un obscur et ancien vouloir ; et pour cela elle a besoin de vous et de votre complicité. Aucun patrimoine à transmettre ni à accaparer : rien que l'incertitude d'une institution qui souvent s'affole de se sentir vide, et dont l'instabilité inquiète cherche à se transformer en inertie, le mutisme en bavardage et en force de répétition. On s'y protège du regard et du jugement des autres, pour pouvoir se détendre dans un espace où personne ne regarde personne, parce qu'il suffit que l'on s'y reconnaisse. Pas d'indulgence, pas d'estime, mais l'habitude et la familiarité qui apparentent.

Conséquence : entre quelqu'un et sa famille, aussi écrasante qu'elle lui paraisse aux moments de découragement, il n'y a plus l'ancienne disproportion. La famille est aussi flottante, aussi fragile, aussi isolée qu'un individu. Un acte de colère, un déménagement, un séjour à l'hôpital, un deuil peuvent aisément la détruire. Mais le paradoxe est que cette fragilité nouvelle de la famille ne la rende pas plus légère. À la majesté de la famille ancienne, on échappait assez aisément : il suffisait d'avoir la force de se détourner d'elle, en suivant une personne aimée, en émigrant, en changeant de nom. D'une famille qui apparemment pèse à peine plus lourd que vous, pourquoi est-il si malaisé, si douloureux de se défaire ? Pourquoi y faut-il tant de violence ?

Immergé

On y est bien, immergé avec de l'eau jusqu'en dessous des narines, comme dans une baignoire d'eau chaude, quand on est sûr d'avoir à manger le soir, et où dormir. Tout autour sont ces gens qui vous connaissent (sans pour autant vous reconnaître), qui sont possesseurs de vous. Ils ne veulent vous avoir ni pour vous faire hériter d'eux, ni pour vous faire travailler pour eux, mais avant tout pour posséder un humain de plus, et le posséder comme individu. À défaut, ils posséderaient un animal « familier », ou un objet, une maison. Mais pourquoi se priver de ce luxe extraordinaire de posséder un individu humain en toute impunité, quand il est si difficile d'en être un soi-même !

On est bien, immergé. Et sans que l'on sache pourquoi, voilà que cette flottaison heureuse, au bord de l'engloutissement, les yeux clos, l'attention engourdie, pleine des bruits de la maison, voilà que tout se renverse, et que tout l'espace domestique veut vous avaler, et vous avaler encore, et cependant vous tourmenter de paroles, de reproches, de sons qui vous refusent la vie, tout en vous contraignant à rester là pour assister à votre propre destruction. Un moment est venu qui a tout changé : désormais le bourdonnement calme du rasoir électrique de papa menace de vous déchiqueter les nerfs, et commence à le faire ; la rengaine chantonnée à la cuisine se chante en vous, veut être chantée par vous ; elle veut qu'au cœur de vous-même, vous soyez quelqu'un d'autre, la bêtise de quelqu'un d'autre (et pas la vôtre). Dans une seconde, une voix va s'élever pour vous demander de faire ce que l'on vous demande de faire depuis une heure, ou depuis des semaines - et vous ne le supporterez pas ; une main va changer de chaîne de télé ou de station de radio, et vous aurez envie de prendre une arme, et de supprimer la volonté qui, en dehors de vous, a agi ainsi (une volonté qui, dans cette promiscuité étrange qui a pour nom « famille », ne peut parvenir à ses fins qu'en traversant vos espaces les plus intimes, comme lorsqu'à table on ne peut atteindre la salière qu'en s'interposant entre la main et la bouche de quelqu'un, lorsque dans un lit étroit on ne peut ramener un pied vers soi qu'en enfonçant un genou dans de la chair. En famille on ne cesse de faire l'amour - dans la haine).

« Nucléaire », la famille, réduite à son noyau parcouru par des forces cohésives contraires. Nucléaire-explosive. Elle serait parfaite, fonctionnelle dans sa stupidité même, si c'était elle qui avait à tenir le rôle de composant élémentaire de la société. Mais ce n'est pas le cas : ce sont les individus qui sont les éléments. Quiconque vit en famille et n'est pas totalement dépourvu de forces doit obéir à l'injonction d'être séparé.

Alors, tant qu'on le peut, il faut d'urgence sortir, pour quelques heures, pour respirer, se reconstituer au contact d'autres mineurs avides d'égalité. Assis ensemble sur un lit effondré, adossés côte à côte, on retrouve la merveille provisoire d'un temps capricieux, transparent, où rien ne colle, rien ne s'accumule que l'ennui. Pas plus de tâches que de rancœurs. On se heurte, et on oublie ce heurt, qui vous laisse intact. On pourrait croire que chaque instant s'efface pour laisser place au suivant. Rien ne s'institue, dirait-on. « Vous avez toute la vie devant vous », disent sottement les adultes dans l'entrebâillement de la porte. C'est tout le contraire : le temps des non-adultes est constamment en proie à la mort, constamment offert à un engloutissement sans retour.

En famille, à l'inverse (on le perçoit mieux, par contraste), les corps, les éléments et les personnes sont affectés d'une pesanteur que chacun d'eux contribue aussi à accroître. Non que l'on soit plus ce que l'on est : on l'est plus durablement, plus incurablement. Ce que l'on a dit, ce que l'on a fait, ce qui vous a été fait et dit reste, aussi impossible à effacer que la trace qui fut laissée sur le bois de la table par un couteau négligent, il y a deux ans, aussi impossible à jeter que le cadeau inutile qui vous a été imposé. D'où l'exaspération, la souffrance, les impulsions.

En finir

C'est comme si l'on assistait à la naissance de toute violence ; comme si la violence humaine était en effet *caïnique*, d'abord et toujours violence contre les siens, violence contre ceux que l'on aime, contre ceux dont l'amour vous submerge. Quels actes, quels gestes, quelles armes permettront d'en finir avec ceux qui sont propriétaires de votre corps, auteurs de votre odeur, avec ceux qui parlent dans votre voix ?

(On peut vouloir tuer ceux qui vous ont vu, les témoins ; ceux qui veulent prendre ce que vous voulez, les concurrents ; ceux qui vous interdisent de vivre, les juges et les forts ; avec la famille, c'est tout cela, plus l'impossibilité d'en finir. On ne peut y tuer que dans le massacre, dans un geste qui a du mal à se dépêtrer de lui-même. Peut-être une famille n'est-elle préservée de cette violence terrible que si ses membres sont capables de se regarder les uns les autres avec un peu d'indifférence, d'insensibilité.)

Alors, une violence monte, chez l'adolescent (chez certaines filles, aussi), qui veut blesser, meurtrir, déchirer, faire taire. Faire taire la bouche qui répète et veut répéter encore les paroles jadis aimées, confortables, mais avec lesquelles désormais - devenues fétides - il n'est plus possible de faire alliance. Empêcher le père de se loger dans le bonheur de ses habitudes, de s'allonger de tout son long sur la famille, et empêcher la mère de lui donner raison, de protéger son repos. Expulser l'air de la salle à manger pour qu'il ne vibre pas des marques d'impatience ou de désapprobation parentales, familières comme un tic-tac d'horloge. Déchirer les objets comme des feuilles de papier, mettre le feu à la maison (la maison dans laquelle on était, et qui est en vous comme un pôle de désorientation pour vous empêcher de concevoir la différence entre dehors et dedans). Brûler la maison pour accéder au monde extérieur, quand on ne peut savoir si l'on a plus peur d'être jeté dehors, ou d'être enfermé dedans.

Cette même « maison », ce « chez » qui était un chez-soi, on en est exclu, étrangement, par une force qui vient de soi. L'essentiel de soi ne veut-il pas revenir, se soumettre, s'asseoir aux pieds du fauteuil pour encore écouter la radio, se laisser enduire de l'odeur familière ? Si, mais il y a aussi en soi quelque chose de plus soi que soi, une petite puissance sauvage assoiffée d'anonymat, d'obscurité, qu'il ne fallait pas pousser à bout.

Sur le seuil

Le désir de destruction tel qu'il éclate dans les crises est à coup sûr spectaculaire, et nous paraît volontiers éclairant. Il l'est peut-être moins, en définitive, que certaines scènes plus indécises, où la violence, privée d'issue, vient colorer toutes les phrases dites, tous les gestes, et jusqu'à l'air qu'il faut alors respirer.

Ainsi quand on doit revenir à la maison pour y prendre des affaires, récupérer des vêtements que l'on avait laissés, ramener un livret de famille dont on avait eu besoin pour renouveler une carte d'identité[1], ou simplement parce que l'on ne pouvait indéfiniment remettre ce dîner dont on avait parlé, occasion de se voir un peu. On a mangé, les parents ont parlé de leur vie, entrechoqué comme des verres leurs sempiternelles opinions ; et quand on a soi-même, en réponse à une question impossible à ignorer, essayé de dire un peu ce que l'on vivait, l'incompréhension a été si immédiate et si opaque qu'il vaut mieux s'en tenir là. On annonce que l'on va partir. « Déjà ! On a à peine eu le temps de se parler ! »

Décidément, une fois de plus, ils ne vous aident pas. Seulement là, ça tombe mal : on a à la fois tant de choses à faire, et tellement besoin de temps pour se mettre à les faire, ou pour se calmer. Au lieu de quoi on se voit coincé dans cet espace intermédiaire où l'on a l'impression d'être condamné à séjourner indéfiniment. Non que l'on y soit mal à proprement parler : on n'y est rien du tout, pire que rien, un être en perpétuelle annihilation, qui se regarde comme on regarderait - avec une cruauté mêlée de monstrueuse compassion - un insecte impuissant à remonter la paroi d'une cuvette. On a l'âme qui se déchire : une petite flamme de mauvaise vigilance qui veut reprendre sa liberté, et une masse nébuleuse que l'air familier de la maison pénètre et retient. Presque impossible, alors, de partir sans effectuer une rupture, sans couper, sans faire mal, sans dire une méchanceté. Il y faudrait un humour si souverain, si sûr de soi, qu'il ne peut se trouver qu'à mille lieues du cul-de-sac de ce salon.

Tous les présents sentent venir cette petite éruption d'amère violence, de mauvaise foi, de sottise et de souffrance sans laquelle on ne pourra se désintriquer les uns des autres. Car le temps passe, presse. « Tu n'as pas très bonne mine. - Tu dis ça juste quand je

1. Le livret de famille... Cette petite brochure discrète mais irremplaçable continue à affirmer que le centre de la famille est là où est le livret - jusqu'au jour où, marié soi-même, et dès lors émancipé pour de bon, on en reçoit un personnel. C'est comme une Arche de la Loi, mais si frêle d'apparence...

m'en vais, pour me démolir le moral ? - Pourquoi imagines-tu toujours que je prenne plaisir à te démolir le moral ? (De ce « toujours », il aurait fallu avoir la sagesse de s'abstenir ; en un pareil moment, il aurait fallu - même face à une provocation aussi évidente - résister à la tentation de le prononcer : il mobilise et fait affluer une série de querelles indistinctes) - Je ne l'imagine pas, je constate qu'à chaque fois c'est pareil, tu ne peux pas t'en empêcher. »

Chacun se contient, ou s'imagine se contenir ; cependant on cherche, tendus les uns contre les autres, l'expression qui affaiblira l'adversaire, le trop proche. Les parents ne peuvent s'empêcher, après toutes ces années d'entraînement, d'infantiliser leur petit, de le paralyser par une injection de leur salive d'amour empoisonné ; l'enfant qui ne veut plus l'être ne sait pas, lui - précisément parce qu'il est ici un inférieur - comment feindre, comment s'envelopper de courtoisie conciliante pour gagner le droit de partir. Il dit alors quelque chose de trop, une phrase qui est un lambeau de sa chair, qu'il laisse en gage en partant. Il n'a pu s'empêcher de « leur » dire cela, comme si c'était encore et toujours à eux qu'il se plaignait, plus que d'eux. Et c'est comme s'il disait, sans l'avoir du tout voulu : je reviendrai finir ma phrase, la refaire, la reprendre, vous la reprendre. Cependant la phrase est étalée dans l'entrée, elle résonne encore dans les têtes. Une fois de plus on n'a su ni se réunir ni se séparer. C'est la façon d'être ensemble que l'on s'est inventée.

Pierre Pachet

Une bonne éducation

Patrick Baudry

« C'est pour ton bien. » Au nom du bien que de violences commises ! Que de punitions injustes, arbitraires ! Combien d'humiliations ! Sous prétexte d'une bonne éducation, les dresseurs peuvent aller jusqu'à l'abus de pouvoir. « Fais tes devoirs, apprends tes leçons ! » Autant d'injonctions qui font plier le faible. Mais plutôt que de soumettre à l'obéissance par la terreur ou par la séduction, la véritable éducation ne consiste-t-elle pas à révéler à l'enfant ce qu'il est ? Éduquer, c'est le contraire de la violence.

> « Et pressentant violemment la voile »
> A. RIMBAUD
> « L'enfant n'appartient ni à sa famille, ni à l'État, mais à sa future liberté »
> M. BAKOUNINE

Des coups qui n'auront pas laissé de traces, des humiliations dont le récit ne fut jamais prononcé, des violences sournoises dont nul ne songea que l'histoire peut se raconter, comme si des « faits » ne devaient jamais être interrogés - combien de corps portent le texte illisible ? Combien aussi de gens convaincus que l'histoire consiste en cette confusion et en ce devoir d'en reproduire les empreintes dans une éducation conforme ? Pour le bien de ceux qui suivent.

Ces « faits » violents n'existent surtout que dans l'interprétation qui s'en propose, et ne bénéficient pas d'un éclairage statistique qui puisse véritablement les dénombrer. Comme si en « dénombrant » on pouvait tout à la fois ranger l'événement « extraordinaire » dans un enregistrement et ôter à cet enregistrement ce qu'il additionne sous prétexte d'en savoir la grandeur. Il est ainsi possible de nier que de tels faits aient eu lieu. Et qui veut s'en présenter comme victime s'expose au soupçon de la fabulation. Ou bien c'est leur intrication dans la trame de la vie banale qui justifie qu'on les mêle à l'existence, à toute l'existence commune. Celle qui s'imposerait avant que ne commence la possible critique, celle qui précéderait à la façon d'un milieu le premier événement qui puisse s'y commenter.

Ces violences ordinaires, sans citation ni commentaire, méritent-elles seulement pareilles désignations ? Il ne serait possible d'en parler qu'après coup, et ce serait peut-être ce décalage entre la situation et l'interprétation qui produirait l'événement qu'elle y découvre. Nommer « violence » ce qui arriva de façon ordinaire, et ce qui ne se produisit jamais qu'au moment où la mémoire l'inventa ou lui accorda une importance, relèverait ainsi d'un singulier mélange. Si je nomme « violence » ce que je vis comme tel dans le souvenir dont je dis que je fus victime, c'est en fait cette qualification qui fabrique la certitude d'un fait violent dont l'existence ne vaut que depuis mon témoignage, et partant comme récit douteux. Car comment croire en la factualité d'une injustice réduite à la facticité de son interprétation ? C'est un pouvoir typiquement mythifiant qui s'énoncerait dans un acte de parole. Et c'est moins le traumatisme que la persuasion qu'il eut lieu qu'il faudrait entendre. Si le « témoignage » n'est pas surtout le révélateur d'une propension délirante, il ne pourrait être pris au sérieux qu'au titre d'une interprétation sans besoin de fondement, et se nourrissant du procédé d'une narration. Ce qui se pense constituerait l'argument d'un dire, et ce serait surtout parce que je le dis qu'il y aurait possibilité de le penser. C'est le bavardage, disposé au mensonge, qui produirait la certitude de la vérité et celle d'être sincère.

Mais qui dira que le redoublement de la violence se joue dans l'exigence de la redire, et dans cette redite de s'y trouver toujours déjà entendu, porteur de ce récit de la mauvaise origine, à laquelle nul n'est étanche s'il ne prétend pas à folie d'un commencement sans compromission ? Par un subtil tour de force c'est la plainte d'aliénation de l'aliéné qui certifie sa maladie communicative. Et ce peut être pour s'en prémunir, pour se prémunir de ce que le malheur humain impose du rapport humain au mal - dans l'acte d'humanité de la parole, ce face à face -, que le refus d'entendre se donne l'air d'une intelligence supérieure.

Ainsi cette façon simpliste d'isoler les représentations des pratiques, de méconnaître les effets de mise en scène de l'imaginaire, et cette manière hautaine de rabattre l'énonciation interprétative au rang de la rumeur individuelle, procèdent-elles d'une certitude scientiste ou pédagogique, ou encore toute familiale, qui vient toujours « expliquer » ce que la violence implique. Peut-être peut-on dire que la violence ordonnatrice, que la violence légalisée s'acharne à ranger dans un discours, éventuellement « le » discours, l'imprécision de la parole, le balbutiement, en le prenant en flagrant délit d'imperfection. L'interprétation savante conjuguée au pouvoir des mots[1] censure l'essai, l'hésitation, l'humanité qui trébuche. C'est aussi bien tout l'enracinement parolier de l'humanité qui se dénie[2]. Il y aurait d'abord le fait, l'expérience empirique, puis l'interprétation possible. Ce rationalisme dont l'argumentation semble armée de la force de l'évidence - tout en étant capable de ne jamais porter crédit aux « évidences », à ce qui serait trop immédiatement su par l'interprétation - ravale la question de la parole aux propos sans suite, c'est-à-dire auxquels on ne saurait donner suite, sauf à les reprendre, à les analyser, à leur faire dire ce qu'ils ne savent pas qu'ils disent, et éventuellement le contraire de ce qu'ils énoncent. On connaît ce repli dogmatique du discours comme jeu rhétorique qui garantit la scientificité. Mais le problème n'est pas simplement celui d'une version des faits ou d'une évaluation de ces versions. Il tient à la place qui s'accorde, à la distance entre deux personnes, à leur irréductibilité. La vue scientiste parie pour une totalité sociale qu'il s'agirait de savoir. Et elle ne peut entendre une parole qui renvoie à la dissymétrie, à la discontinuité. Toute position dogmatique diminue la valeur du témoignage, et veut savoir la pratique qu'il prétend interpréter. Le non-savoir fondamental de la parole humaine peut devenir l'argument même d'un discours terroriste.

Pourtant la violence pédagogique ne doit pas seulement se justifier en expliquant le contexte de sa production, la signification

---

1. Voir Louis-Vincent Thomas, *Mort et Pouvoir*, Payot, 1978, p. 175.
2. Emmanuel Lévinas écrit : « Le dialogue n'est pas l'expérience de la conjonction entre hommes qui se parlent », *in De Dieu qui vient à l'idée*, Vrin, 1986, p. 221. Voir également Maurice Blanchot, *L'Entretien infini*, Gallimard, 1969, p. 79 et p. 109 : « Il y a dans le champ des rapports une distorsion empêchant toute communication droite et tout rapport d'unité ou encore une anomalie fondamentale qu'il revient à la parole, non pas de réduire, mais de porter, fût-ce sans la dire ou sans la signifier. »

d'un acte, « sa visée » ou son intention. Elle doit aussi et surtout se rapporter à ce qui n'est plus justifiable. Elle ne doit pas seulement se rapporter à la morale, à l'ensemble des justifications productibles, mais au mal, dont il ne suffit pas d'expliquer qu'il s'est produit, et dont la justification ne peut jamais se borner au fait de sa production. Tel est l'embarras proprement humain de la gifle ou de la fessée « nécessaires ». Que des gestes bénins engagent non point la production du mal, comme si le mal pouvait ainsi être cerné, réduit à l'instantanéité d'un fait, mais le rapport au mal, c'est-à-dire le rapport à l'inhumain. Pourrait-on dire que les tourments familiaux sont ainsi toujours les expressions de difficultés sociales que l'on peut étudier à plus grande échelle ? Mais il ne s'agit pas que de tourments ou de dimension plus réduite. Ni de cette cellule de civilisation où se joueraient, qualitativement, toutes les destinées nombreuses. D'une qualité au service de la quantité sociale. Il est plutôt question de l'invention sociale à propos de laquelle on ne peut se contenter d'une sagesse relativiste ou de la « découverte » des pouvoirs qui s'y jouent : l'arbitraire d'un ordre, la légitimation falsifiable d'une autorité. Le nombre est ici de peu si l'on comprend que l'affaire se noue non pas en termes de qualités relationnelles ou d'une intensité de vérité, mais d'une forme sociale qui concerne des étrangers dans leurs obligations de se lier. Il s'agit de l'obligation du lien, c'est-à-dire de la culture.

Or celle-ci ne se borne pas à des arrangements, à des convivialités décidées, à des décisions d'organisation. L'organisation suppose une gestion interne et des relations extérieures qui devraient se penser au mieux des intérêts ou des stratégies intérieures. La culture implique tout différemment la présence de l'altérité au sein même de la mêmeté. L'expérience romanesque et quotidienne de l'étranger dans le groupe qui se voudrait uni. En bref, l'imperfection dans le territoire même de la société qui n'est jamais close, jamais protégée, jamais parfaite. Jamais morte. C'est-à-dire qui n'est jamais sans limite.

Nombre de discours vulgarisent la notion de « limite », en arguant de la nécessité de donner des « repères », du bienfait éducatif d'une répression maturante, d'un « non » parental et adulte qui viendrait faire échec aux velléités de toute-puissance de l'enfance décrétée « sans limites ». Mais dans cette perspective, on inscrit tout de la problématique des limites dans une vision rationnelle des limitations, ou toute la question de l'interdit dans l'imposition des interdictions. La limite n'est plus mise en question mais s'entrevoit comme réponse ou légitimation des réponses. Et l'empêchement prend ainsi « valeur » d'une limite, ou à tout le moins de ce qui aurait « valeur » d'indication d'une limite, ou des limites qu'il faut, dit-on, poser. Ce pluriel et cette expression révèlent souvent des pratiques de « territorialisation », une vue managériale de la « relation », une conception domaniale du tutorat et une sorte d'instrumentalisation de la responsabilité. Comme si la responsabilité pouvait se décréter, s'approprier dans le discours « responsable » de celui qui déclare l'être, et qui, comme par magie, ou en fonction d'un énoncé performatif, le devenait d'emblée par la seule autorité de sa décision.

Folcoche, la mère de *Vipère au poing*[3], est à l'évidence une mère « responsable ». Les torgnoles qu'elle distribue volontiers, la confession collective et truquée à laquelle elle soumet son monde, la tondeuse qu'elle utilise pour humilier des adolescents, et l'idiotie même où elle maintient une jeunesse qui doit savoir, par précepteur interposé mais dûment surveillé, ce qu'une jeunesse sous sa coupe doit connaître du monde, tout cela procède de la responsabilité assumée. Elle pourra se plaindre de l'incompréhension dont elle subit les outrages, se poser comme victime d'une hostilité sourde, bagarrer pour des détails et, percluse, exténuée, insister dans le sens de ces principes qui expliquent toutes les incartades, qui légitiment les entêtements les plus sordides. La bêtise féroce de sa méchanceté pourrait même lui donner quelques excuses. Ne doit-elle pas finalement batailler avec plus fort qu'elle, plus rusé, plus duplice ? Elle a pour elle l'unicité d'un comportement prévisible, et que des stratégies, sans besoin d'habileté, parviennent à contourner. Et n'est-elle pas prise d'un amour filial, d'une attention toute maternelle dans l'inquiétude où elle se trouve quand Jean s'est barricadé dans sa chambre et prétend ne plus ouvrir ? Les gens dressés à ce qu'il faut vulgairement nommer la saloperie

3. Hervé Bazin, *Vipère au poing* (1948), Le Livre de poche, 1993.

sont toujours, par un côté où l'on peut les prendre, quelque peu touchants. Ceux qui vous nuisent, qui disent du mal, qui portent « malédiction », ne le font, semblent-ils, que pour votre bien. Ils se sont convaincus d'une mission, d'un devoir. Ils se montrent sans doute bien ridicules dans cette prétention d'importance, dans ce sentiment du devoir qui leur coûtent tant de soucis et de raideur. Mais, « justement », ce ridicule pourrait les absoudre. Peut-être seraient-ils maladroits pour appliquer une discipline trop rigide, mais ils auraient raison « dans le fond ».

Au fond de l'ignominie, de la haine aveugle, de la violence malheureuse, il y a toujours ce malheur du mal. Le crétinisme immonde peut toujours s'apprécier comme un « mauvais réglage de l'image du monde » : comme si le rapport au monde ne consistait qu'en une vue plus ou moins floue ou précise. Et dessous la torture qui s'exerce, on peut toujours comprendre l'exercice d'une souffrance, qui afflige le bourreau, et qui pourrait le rendre sympathique. Il ne fait que son devoir. Il obéit à la logique impérieuse et défendable de sa vision relationnelle. Trop de désordre ne peut que nuire à la bonne entente, à l'humanité réconciliée et dressée, c'est-à-dire dressée à la réconciliation parce qu'il le faut bien, parce qu'il n'y a pas le choix. Comment choisir entre l'ordre ou l'anarchie ? - c'est-à-dire la catastrophe. Pour s'en prémunir, pour lutter contre des natures rebelles et des fantaisies irresponsables de rébellion, il faut maintenir la barre, aligner les individus ébouriffés, tondre les érotismes provocants, se garder de la provocation d'autrui, réduire l'autre et produire du même. Produire des différences qui puissent se gérer. Qui produisent et reproduisent la hiérarchie salvatrice.

Ces grands angoissés peuvent se comprendre. Leur tort serait d'exagérer peut-être. Mais n'a-t-on pas vu des individus réprimés, odieusement diminués, trouver dans cette injustice tout le ressort de leur existence et devoir exprimer, en fin de compte, leur reconnaissance à ceux qui les auront « décidément » malmenés pour leur bien ? Et « donc » pour le bien de chacun et de la collectivité. La violence rationalisée[4] procède souvent d'un sentiment éclairé du

4. Voir Yves Michaud, *Violence et Politique*, Gallimard, 1978.

social : de l'individuel et du collectif (ou du national), équitablement ajustés. Ils contribuent à la production de l'homogène, certains que l'homogénéité est garante de l'entente, de la communication, contre les fantasmes de communion, les excès d'assemblages, les happenings communautaires, le désordre abject des attractions collectives, le mélange insensé des corps, les pulsions bestiales, et les fanges d'une humanité sans fixité. Ils ne sont pas tant pour la discipline que pour ce que la discipline garantit : l'identité. Identité familiale, nationale, ou relationnelle dans l'équipe où chacun doit s'y mettre et mettre du sien pour que la fragile équipe puisse seulement exister. Pour que la fragile existence puisse seulement se perpétuer jusqu'au lendemain où il faut, hélas, tout recommencer, tout reprendre, tout rappeler d'un ordre salvateur sans quoi la vie même se dissipe et se laisse contaminer par la mort.

Ainsi se justifient les « valeurs », cette éthique minimale et principale, qui dit ce que nous sommes et où nous allons : la science ou l'amour, mais la vérité de toute manière. C'est la fonction du père, du père ravalé à son fonctionnement dirigiste qui explique qu'il gueule dans la voiture, dans l'appartement et au bureau. Toute sa vie serait un bureau. « Et le bureau ? », disait sous forme d'un questionnement effronté Arthur Rimbaud. Le bureau : un laboratoire perpétuel d'expérimentation de la fragilité humaine qu'il faut sans cesse consolider, renforcer, appareiller. Et où le responsable est émouvant par le mal qu'il se donne, un mal de chien comme on dit. Soucieux de la propreté de ses manchons, le préposé responsable passe sa vie abrutissante à tamponner des livrets. Comment n'oserait-on pas se prendre de pitié pour l'homme forcé de se cacher dessous les traits d'une brute épaisse ?

Quittons ce registre que l'on pourra, peut-être, trouver trop facile, trop évident, comme si l'enracinement de la dictature n'était qu'une simplicité comportementale ou ne relevait que d'un comportement trop simple ou dont le diagnostic est aisé[5]. Les « valeurs » auxquelles on réfère volontiers la programmation de

5. Voir Henry Dicks, *Les Meurtres collectifs*, Calmann-Lévy, 1973 ; Alice Miller, *C'est pour ton bien*, Aubier-Montaigne, 1984 ; Robert Merle, *La mort est mon métier*, Gallimard, 1952.

l'existence, ce programme d'une culture avant que l'on en finisse, comme si la culture n'était que l'ensemble des manières de s'occuper ou de tuer le temps, contiennent aussi bien l'ordonnancement d'une violence tacite, tautologiquement justifiée, et assumable « jusqu'au bout ». C'est en fonction de cette direction que se conseille la conduite à tenir. Cette fois l'autorité semble moins correspondre au sentiment d'un devoir obscur ou « limité » qu'à l'intelligence des limitations. Programmation plus souple, intelligence convenue des impératifs, mais soumission toujours à la logique d'une humanité entreprise.

Voici, en remplacement de l'autorité brute, l'autorisation subtile, une gestion qui se veut sans faille, « idéalement », des ordres multiples auxquels la réflexion consent. Des valeurs (encore) orientent les conduites ou la pensée des comportements. La fabrique la plus cynique peut aujourd'hui employer son éthicien. Dans la famille, boutique plus restreinte et comme au cœur du social, des leaderships savants organisent la bonne entente et la productivité de l'amabilité. L'idée qui demeure est celle du consensus. Le droit à la différence fonctionne comme faire-valoir d'une tolérance des variétés d'une même vie. L'alignement ne se veut pas vertical, mais consenti. C'est pour la raison de cet ordre négocié que les tiroirs sont fouillés, que les poches sont faites, et que l'interrogation demeure insistante d'une adhésion au bonheur voulu. À la reproduction d'individu à individu d'un ordre mental qui incorpore le sens de la chefferie, se substitue l'association des semblables, embarqués pareillement dans ce métier de vivre où l'on ne saurait se départir de vigilance. Le viol de l'intimité ne prend pas le tour des faits divers : pas de jérémiades avinées, de chantages qui trouvent leur argument dans le ton qui monte et la confusion des gestes placés entre les coups et les caresses. Pas de supplications pour que le secret soit gardé, que le malheur soit au moins partagé, et que le prix de la folie se répartisse[6]. Les harcèlements se font ici subtils et se légitiment avec une rationalité qui se veut discutée. Pas de

6. Voir Patrick Alvin, « La violence sexuelle n'est pas la seule que vivent les jeunes victimes de l'inceste », *in Thanatologie*, n° 85/86, avril 1991. Voir Pierre Legendre, *Le Crime du caporal Lortie*, Fayard, 1989, p. 133, 134, et *Les Enfants du texte*, Fayard, 1992, p. 323.

silence imposé, mais un devoir de conversation où la sincérité du propos se mesure à la capacité de tout dire.

L'amour n'est pas proscrit en raison des dérives qu'il produit et des parasites qu'il génère. Mais prescrit en raison des énergies qu'il libère et qu'une bonne intelligence canalise. Réciproquement, la culpabilité ne fonctionne pas avec ces violences rentrées[7] où l'on s'accuse de n'avoir pas dit et de ne parler jamais. Mais elle se façonne en rapport d'un modèle de la vérité et du sentiment de sa fausseté indéfiniment protégée. Ici la terreur qui produit l'obéissance, là la séduction qui entraîne non pas la capture mais la captation. Captation par le vide : par le vide d'une relation érigée en mesure d'un marchandage qui ne demande rien, si ce n'est cette relation pour y être pris. On enseigne ainsi l'art ou la science de l'entente vraie. Le même vide s'y propose inconfortablement : dans les propos creux du formateur dont la vérité vaut pour des générations entières d'adolescents difficiles, et qui expliquent la nécessité de penser à tout, jusqu'à ce souci de n'y pouvoir pas penser...

Un vide qui ne se loge pas du côté de la représentation, mais qui se pratique dans le réel, jusqu'à saturation. Un vide total d'où l'on affirme que l'on sait ce que vous alliez dire, d'où l'on dit ce que vous pensez et que l'on vous comprend. Il n'est pas question d'une censure arbitraire mais, dans l'ordre de cette compréhension, de la liberté d'être sans place, sans loi. Non pas distancié du monde, de soi et d'autrui, mais décalé. Ce que dit Fritz Zorn quand il écrit : « Bienveillante était notre attitude à l'égard de la vie, très bienveillante même ; nous la considérions avec bienveillance, cette bienveillance qu'on témoigne à un rhinocéros ou à une girafe dans un zoo[8]. » L'individu n'est pas placé dans une situation d'ébauche conflictuelle, mais hors du face à face où le conflit virtuel excite des tensions. Il se trouve aussi bien hors du face à face où le regard s'inscrit dans la durée et procède d'une temporalité où ce qui se

7. Violences sans effet et d'autant plus pernicieuses, ou violences faiblement exprimées, « à retardement », comme le dit Henri Michaux à propos de sa « mitrailleuse à gifles » : « C'est dans la vie de famille, comme il fallait s'y attendre, que je réalisai la mitrailleuse à gifles », *in La Vie dans les plis*, Gallimard, 1972, p. 18, 19.
8. Fritz Zorn, *Mars*, Gallimard, 1977, p. 65.

sait, sans que cela dépende d'un savoir hautain, tient d'un rapport à la mort où se construit l'humanité.

« Folcoche va crever », braillent Brasse-Bouillon, la Chife et Cropette. Et Hervé Bazin prend soin, en racontant cet épisode d'un espoir bientôt déçu, d'invoquer les « mânes des ancêtres » et de leur demander de se voiler la face[9]. Au moins existe-t-il dans l'opposition féroce ce qui permet de s'opposer en ne se tenant pas tout entier hors de la mémoire. Tandis que l'absence de limite, dont le sens ne se perd pas dans la limitation la plus insensée, situe en dehors du monde, sans mots, sans prise. C'est ce monde « harmonieux » dont parle Fritz Zorn, qui se présente comme le conformiste « parfaitement éduqué » et qui décrit l'incapacité familiale à la dispute[10].

On comprend souvent la violence de façon étriquée : comme si celle-ci se réduisait à l'acte de sa monstruosité et, partant, comme si tout du monstrueux devait se visibiliser pour exister vraiment. Or la violence ne s'actualise pas seulement sous des formes apparentes. Et il n'est pas besoin qu'elle soit expressément agie pour être agissante. De même elle n'est pas liée à des conditions exceptionnelles de production. La reproduction de la violence s'accomplit tout au contraire normalement. Naturalisée et incorporée, produite dans le cycle d'une reproduction dont la nécessité tient de l'évidence, la violence routinisée peut bien être la plus redoutable : parce qu'elle n'offre aucune prise à la riposte, et qu'elle ne s'accompagne d'aucun « événement » qui pourrait, en retour, justifier la révolte. L'innommable monstruosité, ce qui échappe à la catégorisation du mal - ou plutôt ce qui indique que le mal est inévaluable, hors d'indication -, peut emprunter précisément l'allure policée de la norme. C'est le déni de la violence, c'est-à-dire l'incapacité d'élaboration d'un rapport à la violence, qui se reproduit dans la répression justifiée, dans les blagues salaces de l'adulte qui se veut initiateur, dans ces mains qui cherchent prise sur un

9. Hervé Bazin, *op. cit.*, p. 108.
10. « Nous ne possédions pas la technique de la dispute et c'est pourquoi nous nous en abstenions, comme un non-trompettiste ne donne pas de concerts de trompette. » Fritz Zorn, *op. cit.*, p. 33.

corps auquel on réduit l'autre, et dont on prétend éduquer l'énigme.

Willy Barral écrit : « Ce qui fait symptôme aujourd'hui, c'est notre "surdité psychique" à entendre la parole des enfants[11]. » Dans cette parole déplacée, « réinterprétée », morcelée, le rapport à la mort tient d'une exigence fondamentale et fondatrice. Il n'est pas démagogique de dire que ce sont les enfants qui posent en la matière les questions les plus dérangeantes et les plus radicales. Dans la mesure où l'adulte doit pour y répondre témoigner de son rapport à l'inconnu. Non pas seulement dire qu'il ne sait pas. Mais *parler ce non-savoir*. Ce qui est bien différent. Or, dans des enquêtes que j'ai pu réaliser auprès d'adolescents dits « difficiles », cela revient souvent : la non-transmission de ce non-savoir. Ou bien la « vérité » se cache, ou bien elle est assenée par-delà la demande sous forme d'une réponse qui détruit la position de la demande, et la possibilité de demander à savoir sans s'exposer au risque de tout savoir. Ou encore la réponse « totale » est celle qui dit que la parole ne peut jamais rien dire, comme si la vie procédait de cette immédiateté (qu'il faudrait éventuellement regarder comme un zoo), sans médiation par la parole. En bref, c'est tout le travail fragile de la culture qui se trouve alors relégué à la fragilité, et qui devient soupçonnable. On devient douteux par cette inquiétude de la question forcément sans réponse. Par ce questionnement (qui ne peut pas venir de soi) et qui porte à « hauteur de mort », comme disait Georges Bataille. Que la parole soit traversée par ce qu'elle ne peut savoir, justifierait ainsi la méfiance qu'on lui voue. À moins que le récit morbide, que le ressassement de la « vérité » du décès, ne tentent de capter tout de la capacité d'une écoute.

« Pourriez-vous montrer que les rites funéraires ont une véritable incidence statistique sur le travail de deuil ? », me demandait un jour un bureaucrate. La sottise de cette question si sérieuse révèle toute l'absurdité qu'il y a à reléguer la mort à la fin de la vie, en considérant, de façon toute tautologique, qu'elle est bel et bien la fin de la vie. Et c'est du « déni de la mort », étroitement

11. Willy Barral, préface à *La Révolution des petits pas* (sous la direction de W. Barral), Paris, Lierre & Coudrier/Association La Harpe-Enfant de Droit, 1990, p. 6.

compris comme le refus d'un événement naturel, que l'on nous rebat les oreilles. Gérard Macé l'écrit bien : « Comme une idée reçue, nous répétons à la première occasion que les morts n'ont plus de présence parmi nous, depuis que nous avons relégué les cimetières à la sortie des villages, et qu'en ville nous ne les fréquentons plus que le jour des enterrements. Mais il suffit d'entrer dans une pièce où sont accrochés des souvenirs de famille [...][12]. » La mort n'est jamais en dehors de l'existence, événement lointain dont on apprendra un jour la nouvelle, information brutale ou logique d'une cessation. Elle se situe toujours dans la vie, et conditionne le rapport à l'existence. Ce ne sont pas des images de cadavres, des planches anatomiques qui permettraient d'en domestiquer l'effroi, aux fins d'une économie familiale « harmonieuse ». Mais ce que l'éducation comporte comme enjeu difficile : la relation à autrui comme ce qui signifie la limite depuis laquelle se tient une parole humaine.

12. Gérard Macé, *La mémoire aime chasser dans le noir*, Gallimard, 1993, p. 25.

Patrick Baudry

La fille de Minos et de Pasiphaé

Cécile Wajsbrot

Nul besoin de rappeler l'hérédité de Phèdre, tant la faute marque sa destinée. L'âme imprégnée d'une fatalité sans répit, elle est conduite à reproduire le drame initial, comme si la culpabilité se transmettait de la personne à la famille. L'héritier n'aurait-il d'autre choix que d'accomplir ce que son nom lui dicte ? Quel soulagement si on pouvait s'auto-engendrer, ne devoir la vie à personne, occulter la parole-loi intériorisée du père et de la mère !

« Se marier, fonder une famille, accepter tous les enfants qui naissent, les faire vivre dans ce monde incertain et même, si possible, les guider un peu, c'est là, j'en suis persuadé, l'extrême degré de ce qu'un homme peut atteindre. Que tant de gens y parviennent si facilement en apparence n'est pas une preuve du contraire - d'abord, il n'y en a pas tellement qui y réussissent vraiment, et ensuite, ce petit nombre ne "fait" généralement rien mais "subit" quelque chose. »

Cette chose simple qui n'est pas si simple que cela, Kafka a écrit une longue *Lettre au père* pour tenter d'expliquer pourquoi il n'y parvient pas, pourquoi il n'arrive pas à vivre, à vivre comme les autres en tout cas, même s'il se dessine une ambivalence : bien peu de gens réussissent vraiment ce qu'ils croient avoir réussi, surtout si l'on tient compte de ceux qui « font » et non de ceux qui « subissent ». Car faire ne vient que dans un deuxième temps, avec la conscience, qui peut ne jamais advenir, tandis que subir ne demande qu'une alchimie mécanique, peut-être consubstantielle à l'être humain et qui consiste à absorber ce qui vient du dehors pour le transformer en quelque chose qui gît au-dedans. C'est le sens de la transmission - sa direction. Ce sont les origines du secret, aussi, si l'on entend par secret ce qui pèse sur la vie de chacun.

> La méfiance que tu cherchais à m'inculquer [...] contre la plupart des gens [...] s'est transformée en défiance de moi-même et en peur perpétuelle des autres. [...] Mais comme je n'étais sûr de rien, comme j'attendais de chaque instant une nouvelle confirmation de mon existence, comme il n'y avait rien qui fût en ma possession réelle, incontestable, exclusive et déterminée par moi seul sans équivoque, comme j'étais, en somme, un fils déshérité, je me pris à douter aussi de ce qui m'était le plus proche, de mon propre corps.

Kafka retrace ainsi sa maladie jusqu'au crachement du sang, jusqu'au rejet du sang - celui des Kafka que l'on voudrait lui transfuser de force alors que c'est celui des Löwy (le côté de sa mère) qui coule en lui et qui n'est pas reconnu - jusqu'à l'inversion du mouvement de la transmission, le rejet de l'intérieur vers l'extérieur. Max Brod a publié la *Lettre au père* parmi les œuvres littéraires de Kafka et non dans sa correspondance ; c'est comme une autre face de *La Métamorphose*, dont la complexité tortueuse était sans doute nécessaire pour parvenir à cette logique implacable, à cette claire remontée vers l'origine, la source - le père -, et si cette lettre n'est jamais parvenue à son destinataire, on peut dire qu'elle est arrivée à destination.

Bien sûr, tous les pères - ou les mères - n'ont pas « ce caractère énigmatique qu'ont les tyrans » mais tous les fils - toutes les filles - reçoivent un héritage, même les déshérités, qu'il leur faut reconnaître sous peine de « subir » au lieu de « faire ».

Dans la gestion - ou la gérance - de l'héritage, il y a l'opposition entre ce que souffle la voix intérieure et ce que dit le père ou la mère, celui en tout cas qui détient le pouvoir, il y a l'impossibilité d'intérioriser cette parole qui a valeur de loi. Poussé à partir sur les mers malgré les exhortations de son père qui lui enjoint de vivre une vie paisible, malgré la mort d'un frère parti lui aussi sans avoir écouté - à la guerre des Pays-Bas -, Robinson Crusoé passe outre et s'embarque, et son naufrage est la sanction d'une impossible prise en compte de l'héritage. « Je commençai alors à réfléchir sérieusement sur ce que j'avais fait et sur la justice divine qui frappait en moi un fils coupable. » Après le fils déshérité, voilà le fils coupable, qui se rêverait en fils prodigue de retour à la maison mais qui ne le peut pas et se retrouve, pour cela, sur une île déserte à rebâtir sa vie, accomplissant le rêve de l'enfant dont parle Freud à propos du roman familial, cité par Marthe Robert dans *Roman des origines et origines du roman* à propos des deux figures qui hantent la littérature, l'enfant trouvé et le bâtard ; le rêve de l'enfant, qui est de s'engendrer soi-même, de ne devoir la vie ni à son père ni à sa mère, de ne la devoir à personne.

Si le père de Robinson n'a rien d'un tyran, il a pourtant lui aussi un « caractère énigmatique ». Et ses paroles à l'accent prophétique cachent quelque chose. « J'ai le cœur trop plein, dit-il, je ne saurais t'en dire davantage. » Jamais on ne saura ce qu'il aurait pu dire... ; en aurait-il dit plus si Robinson l'en avait pressé ? Robinson a-t-il commis l'erreur de Perceval qui, voyant passer le Graal, n'a rien demandé alors qu'il aurait fallu demander ? Pour n'avoir rien su, Robinson a fait naufrage ; comment mieux symboliser la dérive et l'errance, les conséquences du secret familial, un silence qui sépare mais que personne ne brise, comme un mur présent de toute éternité et que l'on contourne sans songer à le franchir. Qui sait si, sur les mers, Robinson ne cherchait pas une impossible généalogie, une mystérieuse figure ancestrale qui se perdit, puisque le destin des Crusoé est de se perdre.

> J'avais deux frères : l'un [...] fut tué à la bataille de Dunkerque contre les Espagnols ; que devint l'autre ? J'ignore quelle fut sa destinée ; mon père et ma mère ne connurent pas mieux la mienne.

Le silence engendre le silence.

« La destinée et l'âme sont le nom d'une seule et même chose », dit Novalis, et sans doute est-ce vrai quand une vie accomplit sous la dictée d'une voix intérieure, quand l'extérieur et l'intérieur peuvent s'unir. Mais le premier mouvement est de les opposer, de faire croire que subir équivaut à faire. C'est cela, aussi, la transmission, une description volontaire ou volontariste du monde comme on voudrait qu'il soit.

Dans le *Demian* de Hermann Hesse, à l'inverse de l'univers de Kafka, tout est douceur, et la maison familiale renferme un monde de clarté. « C'était en ce monde-là qu'il fallait demeurer pour que la vie fût claire et nette, belle et bien ordonnée. » L'autre monde, dehors, est « sombre et violent ». Naturellement, le but est de demeurer dans le monde de clarté, mais le chemin est difficile car il faut côtoyer les abîmes du monde « sombre et violent ». L'initiation de Sinclair, dans *Demian*, passe par l'obscurcissement de la clarté, par l'expérience du mal - en l'occurrence, d'abord une sorte de racket exercé sur lui par un « mauvais garçon » - qui met fin à la transparence qui existait entre lui et ses parents, tant qu'il se conformait à leurs désirs. Et puis paraît la sexualité. « Comme la plupart des parents, les miens ne m'aidèrent en rien lors de la naissance de cet instinct nouveau que l'on taisait obstinément. » C'est le secret, toujours, la transmission par le silence, qui mène à l'opposé du but recherché, tant le silence, au lieu de faire disparaître le fait ou l'événement, le place au cœur d'une quête. « Ils appuyèrent seulement, avec une patience infinie, mes efforts désespérés pour nier la réalité et continuer à vivre une existence d'enfant qui devenait toujours plus irréelle et mensongère. » Les parents de Sinclair entretiennent le « rêve du paradis perdu qui est le pire des rêves, le plus meurtrier ». Comme si les uns et les autres se disaient : nous qui n'avons pas réussi à rester dans l'enfance, nous maintiendrons nos enfants dans l'enfance pour suspendre le temps, limiter les dégâts, pour les garder auprès de nous de génération en génération, d'échec en échec, pour qu'ils deviennent nous-mêmes à notre place puisque nous n'avons pas su l'être. C'est ainsi que la reproduction - la répétition - peut se comprendre non comme une simple réplique, ce que l'on appelle en termes courants une ressemblance, non comme une simple réplique mais comme une réalisation à contretemps. Et qu'y a-t-il de pire qu'un être obligé de devenir quelqu'un d'autre que ce qu'il est ? La littérature fantastique traite abondamment de ces transformations, de ces métamorphoses, mais ce ne sont pas des fantasmes sans rapport avec notre vie, c'est une façon, plutôt, de mieux montrer les choses. L'histoire de Morella, par exemple, qui meurt en prononçant ces mots : « Je vais mourir, cependant je vivrai. » Elle donne naissance à une fille qui lui ressemble. « Cette ressemblance était une *identité* qui me donnait le frisson », dit le père, qui est aussi le narrateur. L'enfant grandit, jouit d'étranges facultés de pénétration, et ne porte pas de nom. « Le nom de Morella était mort avec elle. De la mère, je n'avais jamais parlé à la fille - il m'était impossible d'en parler. » L'extrême du silence et la répétition obsessionnelle se rejoignent, ne jamais en parler équivaut presque à en parler toujours, presque parce que l'extrême du silence laisse la place au pire tandis que l'obsession barre la route. Mais un jour, l'obsession qui se cache derrière le silence jaillit, c'est le jour du baptême où le père, poussé par le démon, dit-il, souffle le nom de Morella, donnant à sa fille la mort en même temps que ce nom. « Et je ris d'un amer et long rire, quand, dans le caveau où je déposai la seconde, je ne découvris aucune trace de la première - Morella. » La Morella qu'il dépose au caveau n'est ni la première ni la seconde, la question ne se pose pas en ces termes : elles sont la même parce que la fille n'a jamais existé, elle n'est que la mère réincarnée, métaphore de tant de filles qui ne peuvent exister par elles-mêmes et qui ne sont que l'ombre de leur mère, comme si la vie des unes ne pouvait se développer qu'aux dépens de la vie des autres - la différence entre cette histoire d'Edgar Poe et la réalité étant qu'il n'y a qu'un seul corps pour les deux.

« La destinée et l'âme sont le nom d'une seule et même chose », la phrase de Novalis rend un son inquiétant.

Quand le visage de quelqu'un se dessine avant même sa naissance, quand son histoire est connue avant même qu'elle n'advienne, c'est qu'elle est répétition, pas au sens d'une reproduction mécanique mais au sens où l'histoire doit s'étendre sur plusieurs générations pour être totale, comme la trilogie d'Eschyle, l'*Orestie*, retrace l'histoire des Atrides sur trois générations, une série de meurtres qui sont la conséquence, le paiement du crime initial, de la scène originelle, Atrée égorgeant les enfants de son frère Thyeste et les lui faisant manger. L'identité se déplace de la personne à la famille, et l'héritier n'a d'autre choix, à chaque fois, que d'accomplir ce que son nom lui dicte.

Ainsi, Phèdre, dans la pièce de Racine, est-elle, dans le regard des autres, « la fille de Minos et de Pasiphaé ». Au cours de la tragédie, personne ne juge bon de rappeler ce que signifie exactement cette hérédité, tant elle est connue de tous, tant ces deux noms, Minos, le juge des Enfers, et Pasiphaé, la fille du Soleil, ont valeur de symbole, désignant à la fois le monde souterrain et l'astre de lumière - qui rend la faute plus éclatante encore -, une impossible union des contraires et un jeu perpétuel de fautes et de vengeances qui induisent d'autres fautes. Phèdre est cela avant même que la pièce ne commence, avant même d'avoir commencé à vivre. Minos, né des amours de Zeus et d'Europe puis devenu roi de Crète, a offensé le dieu Poséidon ; c'est pourquoi son épouse Pasiphaé s'éprend du taureau blanc et qu'il naîtra de leurs amours une créature monstrueuse, le Minotaure, qui sera cachée au fond d'un labyrinthe construit par Dédale. C'est de ce Minotaure que Thésée délivre la Crète, grâce au fil d'Ariane, la sœur de Phèdre, qu'il emmène et abandonne à Naxos. Il faudrait plus qu'un fil d'Ariane pour démêler l'enchevêtrement des destinées. Racine concentre l'attention sur l'hérédité de Phèdre, et en particulier sur sa mère - parce que être la fille de sa mère (ou le fils de son père) facilite la netteté de la répétition, mais on peut aussi bien être la fille de son père et le fils de sa mère, croiser les sexes autant que les générations. Le symbolisme en ressort renforcé, purifié, par rapport aux détails complexes des récits mythologiques.

« Le crime d'une mère est un pesant fardeau », soupire Phèdre devant sa confidente, Œnone, au moment où elle lui avoue qu'elle aime Hippolyte, le fils de Thésée. Ce rapprochement n'a rien de fortuit, au contraire ; dès le commencement, Phèdre vit son amour interdit pour Hippolyte comme le prolongement de l'amour de Pasiphaé pour le taureau blanc, comme sa conséquence et sa répétition, c'est-à-dire qu'à la monstruosité de Phèdre s'ajoute celle de Pasiphaé en elle et que l'hérédité, au lieu de fournir une excuse ou, du moins, une explication, et en tout cas une suspension de responsabilité, semble au contraire doubler la faute, ajouter le crime de la mère au crime de la fille, comme si la responsabilité de la fille était d'autant plus grande que le crime de la mère existe. Et lorsque Hippolyte doit se défendre devant son père Thésée, sa défense tient en ces mots :

> Phèdre sort d'une mère,
> Phèdre est d'un sang, Seigneur, vous le savez trop bien,
> De toutes ces horreurs plus rempli que le mien.

Le destin de Phèdre, scellé par ses ancêtres et leur histoire connue de tous, est d'autant plus terrible que la même conscience qui l'accable est celle qui aurait pu lui permettre d'échapper à une histoire familiale qui se poursuit à travers elle - d'ailleurs, le premier mouvement de Phèdre est de taire son amour, de circonscrire la tragédie au cœur d'elle-même, mais Œnone la pousse à parler au monde et la rumeur de la mort de Thésée achève de l'en convaincre.

Ainsi ne rien savoir et trop savoir paraissent les deux faces d'un même mystère et mener, chaque fois, à l'impasse. Car si le but de toute vie est de devenir soi-même, comme le dit Hermann Hesse dans *Demian*, on ne peut le faire qu'en acceptant l'héritage qui nous est donné quel qu'il soit, et le refus est aussi terrible que le silence. C'est la tentative de Kafka dans la *Lettre au père*, prendre possession pour se libérer, mais qui échoue justement parce qu'il ne parvient pas à prendre possession - il est du côté de sa mère, du côté des Löwy, et « subit » d'autant plus que le père lui propose (lui impose serait plus juste) une lignée où il ne peut pas se reconnaître. Accepter l'héritage, même si c'est d'une chose monstrueuse qu'il faut s'emparer, c'est le travail de l'Allemagne, le travail de deuil qui a succédé au silence sur le nazisme et qui marque la véritable naissance de la République fédérale d'Allemagne. C'est le sens d'un geste symbolique comme celui de Willy Brandt, le chancelier qui s'agenouille devant le monument à la mémoire du ghetto de Varsovie, le 20 octobre 1970. Dans ses *Mémoires*, il raconte : « Au bord de l'abîme de l'histoire allemande et sous le poids des millions d'hommes et de femmes assassinés, je fis ce que font les hommes lorsque les mots leur manquent. »

Plus de vingt ans après, je n'en sais pas davantage que ce commentateur qui rapporta ainsi l'événement : « Puis il s'agenouille, celui qui est innocent, pour tous ceux qui ne le sont pas mais ne s'agenouillent pas parce qu'ils n'osent pas ou ne peuvent pas ou ne peuvent pas oser. »

Car l'histoire des pays est comme celle des individus, le silence - qui a toujours été le choix de la France pour Vichy ou la guerre d'Algérie ou d'autres choses - pèse plus lourd sur ceux qui viennent après, que la parole, la reconnaissance de la réalité.

Mais reconnaître la réalité, pour les pays amnésiques ou pour les « fils déshérités », ce n'est pas si facile. D'ailleurs, l'un et l'autre ne sont pas sans rapport. Fritz Zorn est le pseudonyme d'un homme de trente-deux ans qui raconte d'un souffle son histoire et son cancer parce que c'est la même chose (son livre, *Mars*, est paru après sa mort). « J'ai grandi dans un monde si parfaitement harmonieux que même le plus fieffé harmoniste en frémirait d'horreur. » Un monde où il est impossible de dire non, où tout ce qui pourrait être gênant, voire intéressant, est qualifié de « compliqué », où les films russes n'ont aucun rapport avec la réalité parce qu'ils parlent de sentiments. Bref, si en apparence tout va bien, dans la famille de Mars, en réalité tout va mal. Par son éducation, Mars a été rendu insensible à tout ce à quoi il aurait pu être sensible, a vu frappé d'interdit tout ce qui aurait pu l'intéresser, s'est vu barrer la route à tout développement personnel. « Comme je l'avais appris dans ma famille, ce n'était pas l'opinion de l'individu mais celle de la communauté qui comptait, et seul celui qui pouvait le plus possible partager cette opinion sans réserve était à sa place. » La communauté étant, en l'occurrence, la bonne bourgeoisie des bords du lac de Zurich, de cette rive droite que l'on appelle aussi la « rive dorée ». « J'ai eu une éducation bourgeoise et j'ai été sage toute ma vie. Ma famille est passablement dégénérée, c'est pourquoi j'ai sans doute une lourde hérédité et je suis abîmé par mon milieu. Naturellement j'ai aussi le cancer, ce qui va de soi si l'on en juge d'après ce que je viens de dire. » Telles sont parmi les premières phrases du livre - implacable comme la *Lettre au père* - où Fritz Zorn démonte son éducation et son milieu avec le recul nécessaire, pour faire et non subir, que lui a donné la maladie, car c'est à ce prix - et au prix de la mort à venir - que la libération a lieu. C'est pourquoi il juge que ce cancer est la meilleure chose qui pouvait lui arriver, c'est l'extériorisation, qui permet l'identification, du monstre inconnu qui le rongeait, « le cancer de l'âme que j'ai repris de ma tradition familiale ». La maladie du fils sage est une terrible leçon qui semble dire que ceux qui ne peuvent pas faire autrement que se conformer à ce que l'on attend d'eux, « ceux qui n'osent pas, ne peuvent pas ou ne peuvent pas oser » atteignent une paralysie proche de l'impossibilité de vivre. « Dans quelle mesure mes parents étaient coupables d'une faute ou dans quelle mesure ils n'étaient eux-mêmes que les victimes d'une faute plus grande encore », la question reste d'abord sans réponse. Mais à la fin du livre, Mars choisit, et il choisit coupable. Le coupable est toujours victime de quelque chose - c'est frappant dans les témoignages d'enfants d'anciens nazis recueillis dans le livre de Peter Sichrovsky, *Naître victime, naître coupable*, qui, s'ils n'ont pas coupé les ponts avec leurs parents par impossibilité de prendre un tel monstre en charge, les admirent ou les considèrent comme des victimes, eux aussi, de la hiérarchie, de la dénazification, d'autre chose, on peut toujours trouver, comme on trouve toujours un plus coupable que soi. Mais que le coupable soit victime de quelque chose ne l'empêche pas non plus d'être coupable.

> Après la Seconde Guerre mondiale, soudain tous les nazis ne furent plus que de « bons Allemands » qui n'avaient fait qu'exécuter les ordres du Führer et accomplir leur devoir. Tous ils n'avaient « absolument pas su, en fait » ce qui s'était réellement passé dans les camps d'extermination et n'avaient eu « que de bonnes intentions ». Je me crois capable d'aller jusqu'à les en croire. Mais les Juifs étaient morts ; mes parents aussi n'ont eu « que de bonnes intentions » à mon égard et n'ont fait que « m'élever *comme il faut* ». J'en crois mes parents, j'en crois feu mon père et j'en crois ma pauvre mère. Mais ce *comme il faut*, je suis à présent sur le point d'en mourir.

Le parallélisme avec le nazisme a sa nécessité. Écrivant en langue allemande dans les années 70, Fritz Zorn se situe, même à Zurich, dans ce travail de deuil et cette remise en cause qui ont cours en Allemagne à cette époque. Comment dissocier une période historique de la génération qui l'a traversée, comment dire que le pays aurait « fait » et que les gens auraient « subi » ?

Le livre de Fritz Zorn est un livre de mort, parce que la conscience est venue trop tard - on peut même dire qu'elle est venue parce qu'il était trop tard, à cause de (ou grâce à) la maladie - mais c'est un livre de vie, surtout au sens où il montre la voie à ne pas suivre, où le panneau sens interdit est posé à l'entrée, au sens où l'ennemi est clairement désigné, le conformisme et la conformité, l'adhésion totale - qui est adhérence - à des valeurs collectives qui devraient être une part de la morale personnelle et non son ensemble, l'éradication de toute personnalité c'est-à-dire de toute individualité, un comportement qui engendre les régimes totalitaires parce qu'il fait des êtres les membres d'une communauté, des membres *comme il faut*, c'est-à-dire d'un seul genre, le genre neutre. C'est toujours la même histoire, au fond : au lieu de prendre quelqu'un en compte, le prendre au piège d'une lignée, d'une appartenance, qu'il s'agisse de l'emprisonner dans une histoire familiale difficile et, à ce titre, le Kafka de la *Lettre au père*, Robinson Crusoé, Morella ou Phèdre sont combattants de la même cause, de l'emprisonner dans une histoire familiale trop facile, comme Sinclair dans *Demian*, ou de le détenir au carrefour d'une communauté et d'un pays, sur la rive droite du lac de Zurich, comme dans *Mars*.

Dans tous les cas, la direction fatale est celle de la prison, de l'impasse, et la seule issue pour rebrousser chemin est de nommer la faute (comme l'enfant du conte d'Andersen qui s'écrie : « Le roi est nu »), de sortir de l'engluement de l'irréel où s'embourbent également - même si leurs raisons sont différentes - le père de Kafka et celui de Robinson, les gens qui jugent Phèdre et les parents de Sinclair ou de Mars, pour entrer dans la réalité - être soi, et pas quelqu'un d'autre -, prendre en charge le passé et, à cette condition, y échapper : ne pas ajouter une autre faute à la faute comme Phèdre accablée par la fatalité du destin, ne pas fuir une parole sur les mers comme Robinson, mais décider de ne pas ouvrir un nouveau chapitre de cette histoire-là - l'histoire familiale ou l'histoire d'un pays - qui ne serait que l'éternel recommencement du chapitre précédent, non, refermer le livre pour commencer un autre livre.

TEXTES CITÉS :

Franz Kafka, *Lettre au père*. Marthe Robert, *Roman des origines et origines du roman*. Daniel Defoe, *Robinson Crusoé*. Hermann Hesse, *Demian*. Edgar Poe, *Morella*. Eschyle, *Orestie*. Racine, *Phèdre*. Willy Brandt, *Mémoires*. Peter Sichrovsky, *Naître victime, naître coupable*. Fritz Zorn, *Mars*.

Cécile Wajsbrot

« Tu seras bien là-bas »

Lydie Salvayre

Dans les maisons de retraite, on parque les petits vieux qui se sont usés à vous aimer... « Il paraît que l'hôpital est formidable dit le fils ; très bien équipé et très propre dit la femme du fils. Un peu de discipline ne lui fera pas de mal dit le fils. Les vieux, c'est pire que les enfants dit la femme du fils. Elle sera mieux là-bas dit le fils. Incomparablement mieux dit la femme du fils. » La mère a fermé les yeux. Elle ne dort pas. Elle souhaite juste mourir...

Le fils dit que sa mère ne répond plus au téléphone depuis des mois. Il la laisse bien sûr tout à fait libre de ses agissements. On ne peut obliger personne à parler contre son gré. Mais lui le fils reste le fils, envers et contre tout.

La famille c'est la famille, dit le fils.

Le fils veut faire manger sa mère pour montrer au médecin qu'il est un bon fils. Il ouvre un sachet et prépare une soupe. La mère refuse de desserrer les dents. La cuillère force l'entrée de la bouche. La mère résiste. N'oublions pas que c'est une tête de mule. Le fils veut triompher, il force sur le trou. La cuillère finit par rentrer. La mère avale de travers et tousse la bouche ouverte. Les draps sont tout tachés. Le fils renonce au gavage. Il a un geste de découragement. Les vieux ça salit pire que les enfants soupire le fils. Bien pire dit la femme du fils. C'est à croire qu'ils le font exprès dit le fils.

Quel gaspillage dit le fils en montrant du doigt les multiples boîtes de pilules qui s'entassent sur la table de nuit de sa mère.

Avec ce que ça coûte dit la femme du fils. Et on s'étonne de la ruine du pays dit le fils.

Le fils assure au médecin que si sa mère le voulait vraiment elle pourrait se lever, marcher et vivre comme tout le monde. Elle n'a aucune volonté dit la femme du fils. Elle en rajoute dit le fils. Elle a toujours aimé se faire plaindre dit la femme du fils. Elle a toujours aimé se faire servir dit le fils.

Il y a longtemps que le fils aurait accueilli sa mère dans sa propre maison si ce n'était son fichu caractère. Une tête de mule dit la femme du fils. Une teigne corrige le fils. Impossible de lui faire quitter son cagibi dit la femme du fils, elle n'aime pas venir chez nous, elle n'aime pas qu'on la commande. Chez moi c'est moi qui commande clame le fils en se redressant. Elle n'aime pas qu'on l'oblige à se laver dit la femme du fils. Au jour d'aujourd'hui, on ne peut pas rester deux matins de suite sans se laver, tout de même.

Le fils se demande si l'aide ménagère qui est censée venir chez sa mère trois journées par semaine accomplit correctement son travail. Elle n'a pas l'air de se fouler murmure la femme du fils en jetant un regard circulaire dans la chambre en désordre. Ça pue la pisse ici dit le fils. C'est intenable dit la femme du fils. Est-ce que quelqu'un vient vérifier les activités de l'aide ménagère ? s'enquiert le fils. Est-ce que quelqu'un vient contrôler son temps de présence ? Sans contrôle, c'est le bordel. Surtout avec les vieux qui ne savent pas se défendre. Tout le monde en profite dit la femme du fils. La femme du fils propose alors de faire le ménage dans la chambre. Elle va en mettre un coup. Déjà elle retrousse ses manches. Le fils est fier de la proposition de sa femme. Il n'en espérait pas moins. Mais il lui demande d'attendre que sa mère ait dégagé. Rien ne presse.

La conversation vient sur le patinage artistique que le fils et sa femme ont vu hier soir à la télévision et qu'ils aiment beaucoup l'un et l'autre parce que c'est autant de l'art que du sport. C'est surtout de l'art dit la femme du fils qui aime l'art. Le médecin approuve.

Non, le fils n'est pas au courant des dettes de loyer de sa mère. Des dettes de loyer s'écrie la femme du fils. Il ne manquait plus que ça. La femme du fils semble très alarmée par les dettes de loyer. Le fils la rassure. En vendant la salle à manger de sa mère, il pourra rembourser la créance. Ce sont des meubles de valeur assure-t-il. Ils sont passés de mode objecte la femme du fils, ça ne vaut rien. Tu ne t'y connais pas s'énerve le fils. Le ton monte dans la chambre de la mourante. C'est du rustique aboie le fils. Du chêne cent pour cent naturel hurle-t-il. Mais en raison des circonstances présentes, la mère qui est en train de clamser, le fils, noblement, renonce à la querelle qui s'amorce. (Sa femme ne perd rien pour attendre.) Il devient même sentimental. Aussi loin que remontent ses souvenirs, il a toujours vu ces meubles dans la maison de ses parents, il a grandi auprès d'eux. Personnellement, il préfère le moderne. Ça attire moins la poussière dit la femme du fils. Question époussetage, la femme du fils en connaît un rayon. C'est une ménagère de première.

Je me demande ce qu'elle fait de sa pension dit la femme du fils. D'après moi, elle doit la cacher quelque part. Il va falloir tout fouiller ici dit le fils que cette idée semble réjouir. Elle est d'une avarice rare dit la femme du fils. Pas du tout se récrie le fils, ma mère n'est pas avare, elle est économe, c'est pas pareil. Le fils ne va pas laisser sa femme critiquer sa mère devant un étranger. La famille c'est sacré. Pas touche.

La famille, pour moi, c'est sacré dit le fils.

Le fils se lance brusquement dans un discours sur son exercice. Il tient une quincaillerie avec sa femme dans le centre de Beauvais. Ouverture : 9 heures, fermeture : 19 heures. Vous n'avez qu'à compter. Ajouté à cela tous les soucis de la gestion, vous voyez ce qu'il reste pour s'occuper des siens. Mais de là à abandonner sa mère, ça non, jamais.

La famille c'est tout pour moi dit le fils.

Le fils se souvient soudain que sa mère lui a parlé d'un compte épargne bancaire. Elle était très prévoyante dit le fils qui se reprend et dit : elle est très prévoyante.

Par association d'idées, le fils se renseigne auprès du médecin sur l'accueil des personnes âgées. Il existe plusieurs possibilités : l'hospice de Mouy, la maison de retraite de Noailles, le service de gérontologie de l'hôpital de Beauvais. Chacune des solutions a un coût différent. Les frais hospitaliers ont l'avantage d'être couverts en partie par la Sécurité sociale. Le fils réfléchit puis choisit l'hôpital. C'est le lieu le plus proche de notre domicile dit la femme du fils. C'est un choix opérationnel dit le fils qui lit toutes les semaines la revue *Expansion*.

Le fils évoque sa mère lorsqu'elle était encore jeune comme sur la photographie qui trône au-dessus du buffet. Une beauté. Et gaie comme un pinson. Du pinson aujourd'hui elle n'a plus que les pattes dit le fils en riant. Sa femme le regarde sévèrement. Il y a des choses à ne pas dire. (Surtout devant une tierce personne.) Si on ne peut plus plaisanter soupire le fils.

Le fils demande au médecin des détails sur la maladie de sa mère. J'irai droit au but, docteur, elle en a pour combien ? Malgré les propos rassurants du médecin, le fils pense que c'est la fin, cela se voit à son visage. Il n'éprouve pas grand-chose. Il mesure surtout les complications qui vont en découler, la perte de temps énorme et les dépenses occasionnées. Il faut payer même pour mourir pense le fils. C'est un comble.

Le fils et sa femme abordent avec le médecin la question des grèves qui ont paralysé le pays. Tous trois sont du même avis. Les grèves doivent être condamnées. Fermement. Les actions irréfléchies des ouvriers de la RATP ne peuvent que conduire le pays à l'anarchie. Je me demande de quoi ils se plaignent dit le fils. On aimerait bien avoir un salaire fixe dit la femme du fils.

Le fils se plaint tout à coup d'être le seul de la famille à s'occuper de sa mère. Il en a gros sur la patate et il ne s'en cache pas. Sa sœur a coupé les ponts depuis son mariage avec le pharmacien. Le pharmacien est une lavette, sa sœur en fait ce qu'elle en veut. Elle lui monte la tête dit la femme du fils. Elle lui monte la tête contre sa propre mère. Elle a honte de sa propre mère ajoute avec réprobation la femme du fils qui a honte de la sienne. Chaque famille a sa brebis galeuse. Chaque famille porte sa croix. On n'est pas assez bien pour eux dit le fils. On n'est pas assez riches. C'est toujours nous les dindons de la farce gémit la femme du fils. C'est toujours sur nous que ça retombe. Chaque fois qu'il y a une merde, c'est toujours à nous de la nettoyer. Mais pour le paiement de l'hôpital ce sera fifty-fifty s'écrie le fils en colère. Je ne fléchirai pas.

Le fils revient sur le chapitre du commerce. C'est la mort des petits commerçants se lamente le fils. On nous saigne dit la femme du fils. Il faut tout calculer dit le fils. Tout dit la femme du fils. Avec toutes ces charges dit le fils. Plus le remboursement de la maison (ils l'ont appelée « Le Cottage ») dit la femme du fils, plus le crédit de la Mercedes, c'est une folie de mon mari confie-t-elle au médecin sur un ton d'indulgence. Une bonne bagnole qui tient bien la route dit le fils avec fierté. Et d'un confort !

Les enfants vont bien dit le fils en réponse à la question du médecin. Le fils est en troisième à l'école Notre-Dame. Il en veut. Il vise haut dit la femme du fils dont le visage s'illumine. On ne tire rien de la fille dit le fils. Rien répète la mère. Il faudra la marier au plus vite dit le fils en éclatant de rire comme s'il avait fait une bonne blague.

Où va-t-on trouver un endroit pour remiser tout ce fourbis ? C'est un capharnaüm ici, s'exclame-t-il. Le musée des horreurs, au secours, au secours. Ma belle-mère avait la manie de tout garder explique la femme du fils, les coupes sportives de son mari, les photographies de son fils depuis l'école maternelle, les cartes postales d'Andorre, les calendriers des PTT, les cadeaux de la fête des Mères, rien que des vieilleries horribles qui attirent la poussière dit la femme du fils qui sait de quoi elle parle. À la poubelle, à la poubelle s'exclame le fils impatienté.

Les voisins de sa mère n'ont pas été chics remarque le fils. Pas très serviables pour des voisins. On ne l'aurait pas cru. À les voir. Bonjour par-ci bonjour par-là. Des Français souligne le fils. De père et de mère précise la femme du fils. Ils auraient pu au moins nous prévenir dit le fils. Tu peux crever comme un rat, personne ne bouge dit la femme du fils. Chacun pour soi et Dieu pour tous dit le fils. Et après on vient nous parler de solidarité !

On dirait qu'elle dort dit le fils. Elle fait semblant dit la femme du fils. Je me demande si elle comprend ou pas dit le fils. Elle est rusée dit la femme du fils. Je me demande si elle me reconnaît ou pas dit le fils. Ta mère se fout complètement de toi dit la femme du fils, comme elle se fout de ses petits-enfants, comme elle se fout de ses arrière-petits-enfants et comme elle se fout de tout le monde. Les vieux c'est égoïste constate le fils.

Il faudrait peut-être prévenir le restant de la famille suggère le fils, on ne sait pas comment ça peut évoluer. À son âge dit la femme du fils, un malheur est vite arrivé. C'est dur à dire dit le fils, mais je n'aimerais pas qu'elle souffre longtemps. Ah ça non dit la femme du fils. Moi si je meurs je veux que ça soit tout d'un coup, allez hop, adjugé, vendu, mortibus, ratibus. Comme ça on ne dérange personne.

Il paraît que l'hôpital est formidable dit le fils. Très bien équipé et très propre dit la femme du fils. Un peu de discipline ne lui fera pas de mal dit le fils. Les vieux c'est pire que les enfants dit la femme du fils.

Elle sera beaucoup mieux là-bas dit le fils.

Incomparablement mieux dit la femme du fils.

En douce...

Claudie Danziger

En douce le frère désire la sœur, qui aime le cousin, qui, lui, est amoureux de sa tante, qui aime son mari, qui ne la désire pas et la trompe avec sa belle-sœur pour le plus grand plaisir de la belle-mère qui hait sa bru (laquelle le lui rend) depuis toujours. Alors, le frère, désespéré d'aimer en vain, se coupe les veines, la sœur hait sa mère, objet de convoitise, la mère se venge de son mari en lui crevant les pneus de sa voiture, le cousin se met à boire, la grand-mère se désespère. Quant au grand-père, il ne comprend rien, il essaie de mettre la main sous la jupe de sa petite-fille tandis que le chien louche sur la queue du chat. Ah, les belles familles !

Claudie Danziger

3. *La scène*

Dans ce chapitre, il est question de représentation, d'image. Mise en scène de notre vie familiale, autant de scènes aperçues, entendues, montrées, imaginées, inventées ou réelles qui découpent notre vie en actes, à la manière d'une représentation. Hors champ, la scène primitive met en scène le père, la mère et l'enfant qui regarde. Étreinte ou pugilat, scène d'amour ou de dispute, haine ou amour ? La famille telle qu'elle nous apparaît, vue sous les projecteurs...

La scène primitive

Charles Melman

Dans l'obscurité qui permet de faire coïncider réalité et imaginaire, Éros, force attractive qui assure la cohésion de l'univers et la reproduction des espèces, marque de son empreinte la scène primitive, moment qui permet à l'enfant d'accéder à la sexualité. Paradoxe de la scène : traumatisme souvent décrit comme une agression, la scène primitive, dans son mutisme, est aussi la condition nécessaire pour faire éclore la remémoration fondamentale.

Le merveilleux de la scène primitive est qu'elle ne donne ordinairement rien à voir. Il est plutôt rare en effet que les parents exhibent leurs ébats devant leur enfant et, celui-ci les surprendrait-il, les images du film resteraient pour lui peu lisibles, étranges tout au plus. Cette fameuse scène, qu'il n'est pas rare de retrouver en cours d'analyse à moins qu'elle ne soit restée parfaitement consciente, se ramène ainsi généralement à des bruits nocturnes ; dérangeant le sommeil, ils composent halètements et chuchotements avec le cliquetis du sommier, métallique autrefois. Des mots qui sont échangés, l'enfant peut retenir le caractère outrancier, impérieux, un refus qui appelle le forçage et, quoi qu'il en soit, cette sorte de communauté dans l'emportement qui réunit le couple.

Il est remarquable que dans sa nuit, et avec si peu d'éléments perceptifs à proprement parler, l'enfant saisisse que c'est un dieu qui passe là. L'obscurité devient ainsi nécessaire à sa manifestation, la lumière ne pouvant que le faire s'évanouir en réduisant la scène à un peu significatif mélange des corps.

Il est d'ailleurs habituel que l'enfant honore la censure exigée en se tenant lui-même coi. Celui qui par ses appels ou ses pleurs dérange le couple montre qu'il a déjà parfaitement intégré la scène et conteste la célébration.

De toute façon, le passage du dieu ne peut laisser l'enfant indifférent : l'angoisse et une exonération anale ou urinaire, voire la sensation inquiétante chez le garçon d'une remontée du pénis dans l'abdomen illustrent qu'il est moins témoin que participant involontaire au happening.

L'important en effet n'est pas l'interprétation qu'avec ses connaissances linguistiques, esthésiques et anatomiques il peut se donner de l'événement, même si celle-ci doit marquer sa future génitalité. L'interprétation habituelle orale et anale du coït signifie surtout qu'elle est guidée par la projection de l'image du corps propre, pénien même pour la petite fille, sur celui du partenaire.

Si la découverte du vagin est habituellement traumatisante pour les deux sexes et ce d'une façon qui peut laisser une impuissance ou une frigidité résiduelles, c'est qu'elle représente une altérité - la dimension Autre, dirait Lacan - qu'aucune des opérations identificatoires antérieures n'avait laissé prévoir. Ceci vaut pour la petite fille vis-à-vis d'elle-même et qui se découvre ainsi Autre ; il faut lire avec quel esprit de divination Freud, dans son article sur « La féminité », avance qu'il convient pour ne pas être frigide que la petite fille conserve dans la zone génitale un certain degré de phallicisme, de virilité, écrit-il. Le décri dont le vagin est communément l'objet, le manque d'investissement narcissique qui le caractérise souvent même dans le lesbianisme, tiennent à ce qu'il représente une altérité douteuse, incertaine, inquiétante et donc toujours à « civiliser ». On voit donc que le caractère traumatisant de la scène primitive ne doit rien à une mise en place anatomique qui resterait ignorée par les théories sexuelles infantiles. Si la scène est violence, c'est que la présentification du dieu laisse le petit témoin sans aucun recours ni lieu. L'oreille tendue, l'œil écarquillé sur fond de vigilance aiguë sont les canaux d'une perception en excès qu'il ne peut pourtant volontairement faire cesser.

Freud a décrit cette impossibilité d'un abaissement de la tension psychique que provoque le rapport au sexuel comme spécifique du statut de l'enfance et la cause, si l'empêchement physiologique est pris pour la règle, des névroses à venir.

La scène primitive viendrait ainsi commémorer les noces de l'enfant et du sexe. Mais s'agit-il bien d'une commémoration ou d'une inauguration ? Une contre-épreuve clinique - la pratique avec les enfants élevés en orphelinat, en internat ou bien par leurs grands-parents - montre bien que la scène primitive n'est pas la condition de ces noces mais source de la future énergie sexuelle et d'une participation qui pourra être moins celle du fonctionnaire que du militant. Ici devrait s'ouvrir le chapitre des facteurs déterminants du sujet, le trauma étant nécessaire pour alimenter une énergie entreprenante et contestataire, sa localisation sexuelle s'avérant indispensable pour donner à cette énergie une issue moins insatisfaisante que celle représentée par la plainte ou par la violence.

Ce fil nous mène à une évidence, curieusement jusqu'ici négligée, me semble-t-il. La fameuse scène de séduction par un proche parent, si facilement invoquée par l'hystérique et qui laisse Freud dans l'embarras pour décider entre fantasme et réalité, a tous les caractères d'une scène primitive. Elle raconte le trauma de la venue au sexe. La différence est qu'il est organisé non par un événement qui commande la mutité mais par un mythe bavard, et que la fille s'y trouve substituée à la mère, ce qu'elle dénonce. C'est elle qui est non plus le témoin mais la victime d'agissements sexuels, pratiqués volontiers dans son dos et ainsi sans qu'elle le voie, par un parent ou un tuteur ayant réellement ou symboliquement figure paternelle. Les entreprises d'un frère, sûrement bien plus fréquentes, ou d'un grand-père ne sont généralement pas prises en compte. Le pervertisseur réel ou supposé appartient nécessairement à la génération immédiatement précédente. Cet index nous signale que le trauma est dans ce cas une figure du complexe d'Œdipe, le déplaisir pour la jeune fille de l'assomption sexuelle étant lié - c'est bien noté par Freud - à une issue jugée dévalorisante et incapacitante si elle croit que la castration réelle la prive de pouvoir se mesurer dans l'affection du père avec le petit mâle.

Mais il convient d'être plus radical. Le complexe d'Œdipe - la coupure introduite dans le continuum mental par l'irruption du sexuel - donne toujours au trauma une connotation sexuelle. Il ne reste plus alors à notre victime, puisqu'elle s'estime défavorisée par le sort qui l'a faite femme, qu'à en appeler à Dieu et au monde pour obtenir réparation du préjudice qui l'aurait laissée infirme.

À moins que, par retour, l'ostentation publique de son couple ne cherche à produire dans le regard d'autrui l'aveuglement dont elle fut autrefois frappée.

La scène primitive mérite donc bien d'être dite originaire, *urszene*, car c'est elle l'ombilic et pas seulement du rêve.

Ainsi elle introduit entre le vu et l'entendu une distinction dont l'intérêt n'est pas assez souligné. Ce qui par accident est nuitamment entendu et pourtant restera habituellement tu - par cette congruence avec les lois du langage que l'on appelle pudeur - est donc rien moins que le passage furtif et soyeux d'Éros. Il suffirait d'allumer la lumière pour que le dieu aussitôt s'évanouisse en laissant voir le désordre devenu inconvenant des linges et de la chair. Bien sûr, la trace du dieu sera recherchée dans l'image ; mais l'illumination croissante qui la frappe ne pourra que la rendre plus aveuglante et moins certaine. Il n'est pas de femme, serait-elle une vedette sous les spots, qui n'éprouve cette incertitude du soutien donné par Éros à son image.

En tout cas, le fantasme de séduction passe par la rupture du silence et l'illumination de la scène. Car c'est au vu de ce qui lui paraîtra, à son décours, insuffisance la concernant que la fille racontera le passage du dieu comme une intrusion mutilante. La vérification faite alors dans le miroir est qu'il est des images qui tiennent - comme en peinture - et d'autres pas, l'explication par la différence des sexes n'étant produite que dans un second temps.

Mais ensuite, la petite différence pourra avoir des conséquences fatales. Elle confère à l'image, au prix de sa tension, de la quête de son excellence, le pouvoir de voiler la castration (en masquant que, symbolique, elle est égale pour les deux sexes) et elle génère la pensée positiviste : il y a ou bien il n'y a pas. Elle dissimule que la vraie violence n'est pas celle de la castration mais bien son défaut. Elle laisse la fille croire en la primauté d'un traumatisme dont elle quêtera ensuite une répétition, bien réelle cette fois.

Au silence de l'enfant qui reste coi, s'oppose ainsi le mythe bavard de la séduction. C'est pourtant un mythe qui ne dit rien puisqu'il brise le seul silence qui en aurait pu fonder l'énonciation. Aussi bruyante et vigoureuse soit la dénonciation, elle ne trouve pas le sujet qui l'authentifierait (même lorsque la séduction fut bien réelle et non pas fantasmée) mais seulement, pour la supporter, une parole de victime. Comment ne pas remarquer la suspicion qui entoure généralement la parole des victimes qui, même lorsque l'exactitude des faits est vérifiée, se trouvent entraînées à vouloir toujours plus prouver ? Dans cette incapacité non pas à rapporter l'exactitude des faits mais à dire la vérité, il y a une mutité qui peut venir au premier rang du tableau clinique, témoin le plus authentique de l'infirmité effectivement subie dès lors que le silence fondateur du dire est brisé. Il ne reste plus alors à l'hystérique devenue muette qu'à laisser parler dans son corps le message qui, parce qu'il serait venu de l'Autre, relèverait, lui, d'une autorité indiscutée.

Dans cette lignée, et aussi bizarre que la formulation paraisse, la maladie intervient comme un choix éthique. Elle opte en effet pour la thèse du trauma et la dialectique positiviste du y-a ou y-a-pas, y-a la santé ou y-a-pas la santé, les deux issues étant également insatisfaisantes.

On conçoit la déception de Freud à ne pouvoir y faire renoncer ses hystériques et son engagement dans l'analyse des résistances, voire dans la conceptualisation de la pulsion de mort, puisqu'il est vrai que la fille séduite cherche la répétition, mais fatale cette fois, du coup originel qui l'a marquée.

Lacan fait la remarque subtile que nous sommes au temps où la répétition kierkegaardienne s'est substituée à la remémoration platonicienne. La scène primitive, pourtant, donne bien à l'enfant l'impression qu'il ne fait que retrouver dans la réalité ce qu'il savait déjà par la grâce de la structure. Et si la répétition guidera plus tard le cheminement de son désir, seule l'interprétation par le traumatisme pourra l'amener à rechercher la frappe elle-même.

Un mot enfin sur le statut épistémologique de ce texte. S'il convainc ce n'est pas par sa consistance, moins encore par l'autorité de l'auteur. Il relève d'un déjà su qui rappelle encore le pouvoir de la réminiscence.

Charles Melman

La dispute

Laurie Laufer

Coups, cris, vaisselle cassée, meubles renversés, vêtements déchirés... La scène de ménage éclate dans le couple, dévastant tout sur son passage. Il suffit parfois d'un rien, d'un mot pour la déclencher : « Mais qu'as-tu donc ? » La question signe alors le malentendu, l'écart des désirs, la faille dans la demande, le choc de deux manques. Détruire alors ? Mettre le feu ? Érotisme de la colère prête à tout mettre en jeu pour que des cendres renaisse le phénix.

Il y a une scénographie de la dispute. Les acteurs l'organisent. Le décor se met en place. Au lever de rideau : bouderies, haussements d'épaules, agacements, tremblements de lèvres, rictus condescendants.

Le corps parle déjà sans dire vraiment.

La tension monte, les courants deviennent électriques. L'espace est mobilisé pour la mise en scène ; des accessoires traînent, posés là, incidemment : vaisselle, vêtements, bibelots, objets du quotidien, « aboli bibelot d'inanité sonore[1] », proposant la représentation de ce qui est à dire, à venir, dans le suspens.

L'énergie se met à circuler ; des pôles contraires se télescopent ; on s'évite, on s'attire, les corps se frôlent, s'irritent, se cherchent.

Enfin la question déclenche la décharge : « Mais qu'as-tu donc ? » La question signe toujours-déjà le malentendu, l'écart des désirs, la faille dans la demande. Le manque s'impose, le vide s'ouvre, les désirs s'engouffrent.

Le décor est là posé, le rideau est levé, la scène peut commencer.

1. Mallarmé, *Poésie*.

Les portes claquent, les verres se brisent, les bibelots jetés à terre, les tissus se déchirent, les mâchoires sont serrées, les poings fermés, les larmes coulent, les insultes s'écrasent contre les murs et les gifles se devinent, imprimées sur les visages.

Les gestes ont une dimension monstrueuse, on les retient. Soudain, les mots deviennent des coups de revolver. On se tue à se dire quelque chose, un quelque chose d'innommable se dit là, dans la dispute. Le décor qui tremble sous la menace, les bruits qui éclatent sont autant de déplacements de l'indicible. Dans la cuisine, au salon, dans la chambre à coucher même, devant un tiers, objet fétichisé d'une relation qui va chercher des sources érotiques en dehors d'elle-même.

Et dans ce décor, afin que chacun prenne sa place, il arrive que furtivement on aperçoive un enfant qui pleure, pris en otage dans la tourmente de l'un des deux parents.

L'enfant à qui l'on demande d'être témoin, de choisir son camp : l'enfant devant qui la représentation déploie ses artifices. Les parents se disputant rejouent devant leur enfant la partition qu'ils connaissent déjà, qu'ils ont eux-mêmes déjà entendue. Ils demandent à leur enfant ce que leurs parents leur avaient demandé à eux, au même âge. Mais enfin choisis, qui de ton père ou de ta mère... ? L'enfant reste dans cette suspension et, affolé, attiré par la violence, se met à haïr et à aimer lui aussi ces mots et ces objets qui s'insinuent dans l'amour de ses parents.

L'enfant consolateur prend la place du parent meurtri. Et la spirale continue... Le sauveur aimera avoir le dernier mot lui aussi, cette toute-puissance qu'on lui accorde là. Il attend son tour, pour l'instant. C'est aux parents de jouer la pièce ; lui, dans un coin de la maison, apprend la partition, s'essaye à faire des nœuds, pour les dénouer plus tard.

Et devant tout ce qui se montre là, l'enfant file se cacher.

Premiers mouvements, entrées et sorties de scène.

Elle arrive, rouge, ébouriffée, hors d'elle, hors de ce qu'elle croit être elle : elle vient de se disputer, de s'engueuler. Si l'on ne précise pas le complément circonstanciel, les fameuses circonstances, elle vient de se disputer avec elle-même.

L'autre contre qui je vitupère, vocifère, avec des mots imprononçables, c'est bien par ce qu'il me renvoie à l'innommable de moi-même.

Tiens pour ta peine, prends donc... qu'est-ce que j'ai sous la main... un cendrier, non trop dangereux quand même, je ne peux pas le tuer, et si... Tiens le vase, je m'en fous. Cet objet vide qui ne sert à rien d'autre qu'au décor... Le cendrier mais par terre... et puis de ces cendres éparpillées à terre, il renaîtra bien un phénix. Je joue à la mort, je fais mine de croire que l'autre devient poussière, cendre, presque rien qui redeviendra ce tout après, après seulement, lorsque la menace de la brisure, de la déchirure aura eu son effet.

On se tue mais on ne meurt pas. Serait-ce donc le risque ? La dispute est le simulacre de la mort, elle est l'envers de la séparation que l'on simule pour faire croire que l'on pourrait se séparer de l'autre alors que tel est l'enjeu, on ne le peut pas. Il s'agit *juste* de dire que c'est possible, que c'est bien cette menace qui guette.

Qu'est-ce que je ne dis pas lorsque j'entre en furie ? De quoi la mise en scène est-elle la métaphore ?

« La scène n'a pas d'objet ou du moins elle le perd très vite : elle est ce langage dont l'objet est perdu[2]. »

C'est précisément cela son objet : mettre en avant la perte, le manque contre lequel on résiste. La scène ouvre sur l'obscène, elle est la mise en acte de l'épreuve d'abandon, une répétition générale.

« Je t'aime moi non plus », a fredonné Gainsbourg. La langue achoppe devant l'amour/haine, devant l'étrangeté qui est là lorsque les mots échappent, lorsque les coups partent et frappent l'autre.

« Oh pardon, je ne voulais pas », et l'on sait toujours-déjà que dans l'inconscient la négation n'existe pas. Alors devant ce qui apparaît comme le fantôme monstrueux du crime, comme l'hallucination du meurtre, on se répand en excuses, on fond en larmes, on ramasse ce qui semble encore entier, les bris de mots et les éclats de verres, les cendres éparpillées... Pour le reste, qu'est-ce qui est en morceaux ?

Dire : on s'est disputé, se disputer, verbe dit réflexif.

---

2. R. Barthes, *Fragments d'un discours amoureux*, Le Seuil, 1977.

Mes pronoms deviennent une affaire personnelle, alors que j'essaie désespérément d'en faire l'histoire de l'autre.

Tiens, prends ça ! Prends ce que je n'arrive pas à contenir moi-même, cette étrangeté qui me fait si peur que je préfère l'exporter sur toi, et tant pis si tu te trouves là.

La dispute fait déborder de soi-même. Les accessoires du décor deviennent les parties du corps débordant, « le scandale du corps parlant[3] ». Rappelons que le terme de « scandale » a pour étymologie la pierre du chemin sur laquelle on vient de buter.

Nous y voilà donc, la dispute comme décor, toile de fond et mise en scène à la fois de deux corps qui butent l'un contre l'autre, qui s'agitent, qui se cherchent, qui s'excitent à se dire qu'ils ne se supportent plus. Érotisation de la colère, suggère G. Pommier[4]. La dispute met en jeu la lutte érotique : vêtements déchirés, larmes qui coulent, poignets que l'on serre en serrant les dents. « Pleurer fait partie de l'activité normale du corps amoureux[5]. »

Les larmes qui coulent sont les indices d'un désir qui suspend son dire et se convertit dans une parole du corps. Le corps dans la dispute a fonction de contention.

Il épargne au désir d'éclater dans sa nudité crue, dans son affolement incontrôlable, dans le désir absolu de posséder l'autre, de l'intégrer en soi et de le faire sien à jamais, pour toujours. La dispute crée la distance de ce désir d'absorption de l'autre.

Je te crie, je t'expulse de moi, comme ces larmes qui signifient ce désir que j'ai de t'incorporer. Mais pour sauver notre amour, je te projette, dans mes mots, dans mes cris, dans mes larmes, dans mes gestes qui s'accrochent au vide.

C'est la sortie hors de soi, dite aussi extase. Et puis après c'est tellement mieux, on se sent détendu. C'est l'après-orgasme de la dispute, la petite mort. On se sent vidé, vide, sorti de la jouissance infinie, dépressif jusqu'à la prochaine...

Après la destruction simulée d'une relation, il faut encore

3. S. Feldman, *Le Scandale du corps parlant*, Le Seuil, 1980.
4. Gérard Pommier, *Du bon usage érotique de la colère*, Aubier, 1994.
5. R. Barthes, *op. cit.*

reconstruire. Après la gifle ou l'insulte, il y a la re-séduction, répétition du premier baiser, et la jouissance reprend ses droits. Après le massacre des accessoires, il faudra recomposer le décor. Les acteurs se remettent à l'ouvrage. Du déjà vu, déjà entendu. Toujours, déjà, encore. Plus de chronologie, la répétition s'emmêle. La tension érotique fait partie de ce défi au temps.

Haine-moi donc ; « l'objet naît dans la haine » (Freud). C'est parce qu'il y a haine qu'il peut y avoir « hainamoration », désir d'amour et de mort. Éros et Thanatos, le couple parfait. Et la dispute défie le temps, comme don Juan défie les femmes, le Commandeur, la mort, lui-même.

Elle joue le recommencement possible, l'inachevé de la rencontre. Lorsque rien ne va plus, lorsqu'on a l'impression que les jeux sont faits, vont être faits, la roue recommence de tourner. La mort - encore une fois - est différée. La jouissance - encore - l'enveloppe.

Les insultes sont aussi celles que l'on lance à la face de l'insoutenable mort prochaine. Éros tient cette tension devant Thanatos.

Je t'envoie à la figure, comme mots volatiles et absurdes, mon angoisse de te mourir avant, mon angoisse de te voir mourir avant. Je te déteste veut dire alors ne me quitte pas, jamais, fais en sorte que cette vie soit immortelle. Et je t'en veux de ne pas être celui qui nous rend immortels.

« La pulsion agressive est la descendance et le représentant principal de la pulsion de mort, que nous avons trouvée aux côtés d'Éros et qui se partage avec lui la domination du monde[6]. » La dispute tendrait à revenir à une origine.

Or à l'origine de l'être, il y a la mort, l'inanimé, ce qui ne peut se nommer, l'innommé. La dispute est la part régressive de l'être, l'érotisation primaire qui veut aussi la destruction de l'objet aimé.

Le désir naît de cette tension permanente de la possibilité de voir disparaître l'être aimé. *Si je sais qu'il peut disparaître, je le désire.*

Ambivalence toujours. La dispute est la mise en scène, la métaphore de cette tension.

6. S. Freud, *Malaise dans la civilisation*, PUF, 1992.

Tu es la limite intolérable (tuer la limite intolérable).

Le paradoxe est là, l'autre contre lequel je me cogne est à la fois ma limite et celui qui me permet de la repousser.

Si j'utilise les objets autour de moi, c'est pour combler le manque de l'Objet auquel me renvoie l'autre. L'autre me renvoie à ma propre perte, à mon propre manque. J'objectivise ma relation avec lui et les accessoires fétichisent ma difficulté à accepter la perte.

La relation à l'autre me sépare de moi et de l'autre.

De l'insoutenable de cette situation, de l'apprentissage de la séparation, la dispute se compose.

« Je vois quotidiennement l'autre et pourtant je n'en suis pas comblé : l'objet est là réellement mais il continue à me manquer imaginairement[7]. »

La dispute offre le combat ordalique entre la réalité et l'imaginaire. C'est de l'écart qu'elle prend forme.

Accepter l'autre dans son manque à être, dans son absence, l'oubli. C'est l'épreuve d'abandon, le spectre de la séparation. Trop difficile, à différer encore. Pour l'instant, la rumination, le va-et-vient.

Je pense et pense l'autre encore. La dispute est là qui maintient ce lien ruminant entre moi et ce vide qu'il incarne.

« Ne soyez plus angoissé, vous l'avez déjà perdu(e) » (Winnicott). Et la scène n'est qu'une tentative fébrile de rejouer la disparition, la perte, la revivre pour la contenir infiniment. L'autre toujours-déjà perdu, absolument perdu que l'on s'acharne à vouloir faire revivre mesurant sa puissance, sa toute-puissance dans la réapparition, tout comme la bobine du petit-fils de Freud.

L'objet est là qui me rappelle ma puissance, ma jouissance à te faire revenir, à ne pas te voir partir et les mots assassins te conservent comme dans une boîte... volontiers balancée en pleine figure.

La dispute met en jeu le choc de deux vides ; la rencontre de deux limites. C'est la ligature : le nœud fait, la séparation peut avoir lieu.

C'est le reproche fait à l'autre de me renvoyer ma propre limite :

7. R. Barthes, *op. cit.*

de me dire que je ne suis QUE ce que je suis. Elle met donc en place un artifice, une tromperie, un masque qui empêche de nommer l'innommable. L'autre est la véritable menace et en même temps la véritable libération. La menace de la libération.

Et si je n'ai plus besoin de sa reconnaissance, que deviendra mon désir ? L'impossible, le vide, la perte, le silence.

Ce qui est en jeu, ce qui se donne à voir dans cet obscène, c'est le pli de la relation, la presque déchirure, celle à laquelle on ne croit pas vraiment, comme on ne sait pas comment croire à la mort de l'être aimé.

La dispute se heurte au pli de la relation. Comment déjouer ce qui a toujours-déjà marqué la relation duelle : son vide. Les mots d'amour ne suffiront pas à repasser ce pli. Les mots d'insulte sont la marque tenace de ce pli. Les mots d'amour aussi. Le pli de la relation, c'est son exaspérante ambivalence, l'irrésolu conflit de l'amour et de la haine. C'est aussi en cela que la dispute est salvatrice : elle s'inscrit dans cette irrésolution désespérée.

Je t'aime et je te hais. Le pli est cette conjonction, articulation qui rend mes larmes amoureuses.

Il y a cette démangeaison érotique, qui gratte, revient sans cesse, amère cicatrice que marque l'inconnaissable devant moi, cet autre. Et lorsque la dispute éclate, il y a quatre personnes : moi, l'autre, l'étranger de moi-même et l'étranger de l'autre. Il y a cet autre et cette inquiétante étrangeté à moi-même à laquelle il me renvoie. L'objet de ma colère est double : l'autre et l'autre de moi-même.

C'est en cela aussi qu'elle est salvatrice, elle est la disjonction du Moi, séparation nécessaire qui crée le dialectique accès au symbolique. *J'accède à l'autre par l'autre de moi-même.*

C'est aussi cela le reproche de la colère. *Je te déteste d'être celui qui me sépare de toi, d'être celui qui me sépare de moi.*

La dispute est une prime nécessaire contre la fusion. Elle est la nécessaire violence qui donne la possibilité au couple d'être le couple à deux. *Tu me défusionnes de moi et de toi.*

Le cri arraché, témoin d'une jouissance que l'on voudrait éternelle. La colère embrasse le cri ; le cri a déchiré le silence comme le désir a déchiré le vêtement. La dispute met en souffrance des êtres qui se séparent d'eux-mêmes, et le silence éclôt dans sa fonction dépressive. Le deuil de l'autre est en marche.

La haine éclatée, le cri lancé, le silence qui accapare l'espace, le noir de la scène, l'approche du dénouement donnent toute l'ampleur de la dépression.

Orgasme coléreux, post-coït, et les larmes se mettent à couler, puis l'apaisement, enfin, la perte consommée.

Et puis un dernier sursaut contre le gouffre ouvert devant le vide de l'autre, devant ma propre perte, le rideau ne tombe pas encore, des rejetons de colère traînent encore, du désir éparpillé encore, à ramasser, malgré la fatigue, l'usure du pli au bord de la déchirure.

« Tout partenaire d'une scène rêve d'avoir le *dernier mot.* Parler en dernier, "conclure", c'est donner un destin à tout ce qui s'est dit, c'est maîtriser, posséder, dispenser, assener le sens ; dans l'espace de la parole, celui qui vient en dernier occupe une place souveraine. [...] Par le dernier mot, je vais désorganiser, "liquider" l'adversaire, lui infliger une blessure narcissique mortelle, je vais l'acculer au silence, le châtrer de toute parole. La scène se déroule en vue de ce triomphe : il ne s'agit nullement que chaque réplique concoure à la victoire d'une vérité et construise peu à peu cette vérité, mais seulement que la dernière réplique soit la bonne : c'est le dernier coup de dés qui compte[8]. »

Ni combat pour la vérité, ni combat pour réhabiliter une justice, la dispute n'est pas dans ce lieu de réparation universelle, elle est dans la réplique, dans le lien à l'autre, aliénation essentielle.

Je veux avoir le dernier mot, comme si j'étais dans la scène du Jugement dernier, au bord du monde qui connaît son ultime souffle.

Dans la dispute, on se bat pour cet ultime souffle, jusqu'au bout du souffle. La respiration n'est-elle pas ce qui donne vie ?

L'essoufflement de la dispute, les rougeurs, les pâleurs miment encore la mort. L'essoufflement, le halètement, le rythme cardiaque miment encore l'amour, le jeu érotique. Corps trompeur, corps en représentation, corps dans la jouissance du mensonge. Va-et-vient. Éros rencontre Thanatos, une nouvelle fois.

8. R. Barthes, *op. cit.*

Avoir le dernier mot dans le dernier souffle, c'est encore vouloir maîtriser la mort, le Maître absolu, jouissance répétitive.

Je veux avoir raison, je ne veux pas que tu aies raison : dans la dispute on joue avec la limite de la raison, on joue avec la peur de perdre la raison. Mais il n'y a pas de raison (pas de Raison, pas de raison de la perdre, pas de raison d'avoir peur de la perdre...). « L'accord est logiquement impossible[9]. »

C'est la logique du désaccord (dés à corps), de l'écart qui constitue le sujet, qui construit la séparation, peu à peu... C'est pourquoi il n'y a pas de motif, parce que pas de contenu réel de la scène, un contenu imaginaire qui fait retour dans le réel sous forme d'agressivité, de haine, d'hallucination du meurtre, de la perte, de théâtralisation du suicide.

S'il y a rupture, elle se fera sans heurts. Le heurt, l'agression verbale ou gestuelle permettent d'éviter l'achèvement (le meurtre ?).

Cette volonté d'inachevé est en lien avec le désir, le fantasme d'immortalité de la relation. S'il y a dispute, c'est qu'il y a tentative de conjurer la perte et de continuer de nourrir « ces vœux anciens de toute-puissance qu'a formés le Moi » (Freud).

La dispute déconstruit ce que le temps construit : la mort. Elle donne sans cesse l'illusion du recommencement de la relation. On survivra encore à cet acte, mise en scène de mort. Le temps est vaincu encore.

Et les objets utilisés sont la marque de mon insuffisance, la trace de mon absence de parole efficace.

C'est l'inverse du discours performatif : je te hais n'est pas la haine, mais la continuité d'un état amoureux. Dire quelque chose dans la scène ne dit jamais ce que l'on veut dire, les mots ne sont jamais assez précis, écarts de langage dit-on, précédant l'écart tout court, la perte.

C'est ainsi que les objets utilisés dans la mise en scène prolongent ma parole, eux savent parler, eux se projettent hors de moi pour blesser l'autre, faire mine de le tuer. Il me faut du sang pour imaginer ce

9. R. Barthes, *op. cit.*

que pourrait être ma souffrance, une fois l'autre tué, ce que je ne pourrais pas supporter. L'imaginer seulement.

La dispute joue avec cette limite, mais elle ne peut pas se jouer de cette limite, sinon elle est hors scène, dans une autre scène qui échappe aux mots, qui laisse à l'acte la possibilité de signer le réel. Là il n'y a plus de scène. Les objets n'existent plus, les acteurs non plus. On ne joue plus. Cette sortie de la scène met les acteurs hors discours, hors langage. La non-dispute est utopique. Quelque chose couve dans cette antichambre.

La tension est la condition pour les acteurs d'atteindre leur subjectivité, de trouver leur place dans l'essentiel conflit que constitue l'être de langage.

Je suis au langage par la tension de mon conflit permanent.

Rien n'est plus suspect que le silence. Le rideau tombe.

La dispute éclatera encore dans l'après-coup de la souffrance.

Vers la séparation infiniment.

L'héritage : une pas si belle affaire que ça

Éric Toubiana

Endeuillé-héritier. Double relation au défunt qui dépasse rapidement la dimension de la douleur pour sombrer dans l'entre-déchirement conflictuel. Les violences que suscite la liquidation de l'héritage reflètent le mouvement régressif qui fait revivre les traumatismes de l'enfance, les sentiments refoulés, les rivalités archaïques. Jusqu'où irait cette violence si la loi, synthèse juridique des conflits immémoriaux, ne venait instaurer l'ordre et la règle ?

Personne n'est sans savoir intimement qu'avec la mort qui frappe, la vie, l'argent, le savoir et le pouvoir échappent à l'homme. Il ne reste aux survivants qu'à recueillir ce que le mort laisse... du moins s'ils le peuvent.

L'être vivant qui passe le seuil d'une étude notariale afin de « mettre de l'ordre dans ses affaires » sait aussi qu'il est là pour dicter ses dernières volontés. Une première violence manifeste, celle de l'acceptation de sa propre mort, celle de la reconnaissance de n'être qu'un des maillons d'un chaînon générationnel, oblige à l'humilité de n'être que celui qui trouve son être au monde comme coextensif de la transmission d'énoncés identificatoires : on donne à ses descendants ce que l'on a pu acquérir de ses ascendants (nous ne parlons pas seulement des biens matériels mais aussi de tout ce qui est nécessaire à la constitution d'un sujet).

Spéculairement, les héritiers auront eux aussi à se débattre avec toute une série d'affects et de représentations liés au « travail de deuil » qu'ils devront mener à bien, à leur avidité, aux rivalités envers la fratrie mais aussi envers les figures œdipiennes !

Être le seul et l'unique héritier d'un oncle d'Amérique est une rêverie, couramment partagée, chez les humains. Ce fantasme implique l'expression d'un vœu : celui de n'avoir aucun lien de proximité avec le défunt, ni proximité géographique ni proximité affective ; il ne reste donc que le bénéfice d'une opération successorale, acquérir un en-plus de biens sans avoir à éprouver les affres d'une position successorale avec ce qu'elle implique de désillusion, de rancœur et de manifestation d'une violence subie et exercée le plus souvent contre son gré.

De la réunion à la désunion

Les habits sont de deuil. Depuis quelque temps déjà, rendez-vous a été pris chez le notaire. Au fur et à mesure des arrivées, la famille se réunit. Certains de ses membres viennent seuls, d'autres accompagnés par leur conjoint.

Les mines sont de circonstance ; il n'y a pas si longtemps cette même famille avait eu à se rencontrer lors des obsèques du « cher disparu ». Comme la fois précédente, les vivants évoquent le mort, font part de leurs regrets et de leurs afflictions, et redisent certains détails drôles ou parfois tragiques qui ont ponctué leurs relations avec le défunt.

Une fois les proches au complet, le notaire les reçoit afin de procéder à la lecture du testament ou plus simplement de rappeler les règles qui régissent une succession lorsqu'il n'y a pas eu de testament. Si cette lecture est censée être en général de courte durée, les surprises et les passions ne font que commencer.

Comme je l'avais déjà écrit, « l'héritage est une photo de famille. Chacun y a sa place et personne n'est prêt à oublier la sienne ni celle des autres. Quel qu'en soit le contenu ou l'importance, l'héritage est un moment qui favorise le plus souvent un débordement conflictuel. Il n'est pas une famille qui soit épargnée par un certain désordre, lorsque cela n'est pas un désordre certain, suscité par cette situation. Les haines et les rivalités font, mais nous devrions dire refont surface avec une violence toute particulière.

C'est toujours avec une pointe de gêne que les familles se souviennent de cette période de leur histoire où les règles du savoir-vivre ont fait place à l'entre-déchirement. Personne n'en sort véritablement indemne, ceux qui ont eu gain de cause comme ceux qui s'y sont sentis dupés[1] ».

L'héritage est peut-être la violence par excellence qui touche les familles et nous retrouvons là le sens premier du mot « violence », à savoir l'irruption d'une force intense qui laisse le sujet soumis aux effets de cette force sans qu'il puisse s'en dégager.

Cette violence est quelquefois immédiate et les notaires peuvent en témoigner. Il arrive que, dès la lecture du testament, on assiste aussitôt à des remarques qui deviennent vite des plaintes qui, elles-mêmes, peuvent se transformer en colères indignées avant que les insultes ne pleuvent. On commence par régler ses comptes avant de régler la succession. Cette famille initialement réunie pour entendre, recueillie, les dernières volontés du défunt se retrouve désunie et quérulente.

C'était afin d'éviter un éventuel pugilat entre ses héritiers que le testateur avait bien pris soin d'anticiper sa succession de son vivant ; ce faisant, il avait cependant établi un ordre de préférence envers les héritiers... « Mais pourquoi l'autre serait-il plus digne que moi d'accéder à la propriété de tel bien ? Il [le défunt] savait bien [se dit un des héritiers] que cette maison est ce à quoi je tenais le plus au monde, et pourquoi devrais-je accepter qu'un autre l'occupe »... L'injustice est de mise !

Nous avons volontairement pris là comme exemple une succession réglée par voie testamentaire mais même lorsqu'il n'y a pas de testament et que c'est le droit civil qui a la charge de régler la succession, les mêmes problèmes se retrouvent. « Pourquoi serions-nous tous égaux puisque j'ai bien plus fait pour le défunt qu'aucun des membres ici présents ? » ; l'égalité devient une supercherie... « C'était bien la peine que je me sois donné tant de mal »... « Dire qu'après tout ce que j'ai fait, c'est comme si rien ne s'était passé. C'est une honte... ! » Etc.

1. Éric Toubiana, *L'Héritage et sa psychopathologie*, PUF, 1988.

La raison n'est plus de mise. Les pensées haineuses et fratricides s'imposent contre toute volonté de respecter les règles de bienséance. La situation de succession vient faire office de « trauma », de ce qui fait intrusion, en blessant, sans que rien ne puisse venir préserver une intégrité psychique durement conquise : « C'était plus fort que moi, c'était insupportable... »

Cette première évocation de l'héritage et de ses violences générées peut paraître formulée en des termes plutôt descriptifs et immédiats. Ce n'est qu'« après coup » que l'analyste peut les reconstruire comme tels, mais il faudra auparavant de longues et nombreuses séances avant que le patient n'admette et ne parvienne à livrer ce qui a été et qui reste encore une gêne s'apparentant à l'innommable. Ce serait suivre une fausse piste que penser cette gêne produite uniquement par une rencontre entre des représentations moralement inacceptables et ce que le corps social a imprimé comme code de civilité.

Il serait tout aussi hâtif et fallacieux d'entendre ces psychodrames successoraux comme principalement induits par l'appât du gain ; il sera bien plus productif et éclairant de débusquer les problématiques inconscientes qui se réactualisent lors du moment douloureux des successions. L'héritage est un inducteur d'une « compulsion à la répétition » à laquelle tous les sujets restent soumis et, pour entendre cette « compulsion à la répétition », il faut accepter un nécessaire retour en arrière et plus particulièrement sur la scène de la constitution du narcissisme puis, plus tard, sur la constitution de l'identité d'un sujet : les lieux de l'enfance du « petit de l'homme » perdurent à l'âge adulte.

On pourra objecter deux arguments : le premier signalera que toutes les successions ne s'organisent pas nécessairement autour du conflit ! En me gardant de mettre en place un impérialisme analytique, force est de constater que secrets et silences familiaux sont monnaie courante et que, si silence il y a, il faut bien admettre qu'une rancœur passée sous silence est bien plus nocive qu'un conflit ouvertement exprimé, même s'il ne trouve pas de manière immédiate une issue à ce qui l'avait provoqué : une des propriétés de la psyché est de ne pas rendre publiques les représentations contraires à ce que la morale et le surmoi réprouvent...

Second argument : lors de bien des successions, il n'y a qu'un seul héritier et non pas plusieurs ; pas de rivalité donc, sauf à reconnaître que dans ces cas-là le conjoint survivant prendra la place du rival !... Et lorsqu'il n'y aura pas de conjoint survivant, il restera néanmoins au successeur à mener à bien son « travail de deuil » et à « liquider » l'intensité des liens qui le retenaient au défunt.

Quel que soit le cas de figure, une seule hypothèse prévaudra : l'être humain confronté à une situation d'héritage se retrouvera soumis à un mouvement régressif qui lui fera revivre ce qu'il avait pu tant bien que mal refouler dans un lointain passé et qui n'aura de cesse que de tenter de resurgir. Cette régression vers des temps immémoriaux, une régression où la violence, la volonté d'homicide (fratricide et parricide) se retrouvent mises au jour et où précisément ce sont la loi et le corpus juridique qui vont venir servir de garde-fou et permettre à l'héritier de se sortir d'une des situations les plus conflictuelles qu'il lui sera donné de vivre, une situation marquée par l'empreinte du « retour du refoulé ».

Le juridique est omniprésent dès lors qu'il s'agit de successions. Il faut se rappeler qu'un texte de loi n'est rien d'autre que le produit d'une série de conflits portés devant les tribunaux et ayant généré une jurisprudence qui se verra ratifiée et votée afin de constituer un corpus juridique. C'est la violence qui engendre la loi et, comme le soulignait Sigmund Freud dans *Totem et Tabou*[2], c'est après le meurtre mythique du père par la horde primitive que les fils ont préféré s'organiser autour de la loi qui viendrait justement éviter que pareil débordement ne se reproduise à leur encontre.

La législation sur les successions, même si elle peut paraître ardue au premier abord est, grâce à la jurisprudence qui l'accompagne, un matériel clinique d'une rare qualité. Tout y est : du plus évident au plus surprenant, du plus banal au plus sordide ; il n'est, à ma connaissance, aucun recueil de cas cliniques qui puisse rivaliser avec cette constitution du corpus juridique.

2. Sigmund Freud, *Totem et Tabou*, Payot, 1976.

Aimez-vous les uns les autres

Le psychanalyste, lors de sa pratique, est immanquablement le témoin de l'évocation de ces problématiques, du moins lorsqu'une levée du refoulement le permet. Ce « retour du refoulé » est toujours abréagi avec un cortège d'affects où la violence est toujours présente. Derrière l'amour, la haine réapparaît et l'on est en droit d'affirmer que la tendresse des sentiments peut être entendue aussi comme une formation réactionnelle face à la violence des éprouvés archaïques. Le « aimez-vous les uns les autres » a bien vite fait place à un « pousse-toi que je m'y mette ».

Au retour de la maternité, un enfant de cinq ans, à qui son père demandait comment il avait trouvé sa petite sœur vieille déjà d'une petite journée, répondit tout naturellement : « On dirait une petite pieuvre gluante ! » Ces mots d'enfants sont légion. L'effet généralement produit est le rire chez l'adulte mais, ce qui est bien particulier, c'est que l'enfant ne cherche pas un instant à faire un mot d'esprit ; il se contente d'exprimer de manière à peine déguisée les sentiments hostiles qui sont les siens devant l'arrivée de l'intrus, mais n'est-ce pas là l'essence première du *Witz* : l'expression du vrai par le détour ?

Le rire de l'adulte vient là signifier la reconnaissance de ces sentiments qu'il a dû lui-même éprouver il y a bien longtemps déjà et qui se sont sédimentés, recouverts par d'autres affects où la reconnaissance de l'autre, l'acceptation du partage, la transformation de l'agressivité en sentiments affectueux ont ponctué tout un travail élaboratif et maturant.

Cependant, cette haine archaïque reste familière à l'adulte. Un autre enfant à qui l'on présentait pour la première fois son petit cousin qui venait juste de naître s'était contenté dans un premier temps d'écouter les familles réunies ne pas tarir d'éloges autour du berceau et, ne voulant pas être en reste, déclara spontanément : « Qu'il est beau ce petit cousin, j'ai envie de le jeter par la fenêtre ! » L'entourage avisé avait bien sûr ri dans l'immédiat mais avait ensuite bien pris soin de ne pas laisser l'enfant seul en compagnie du nourrisson.

À la violence de son éprouvé, l'enfant répond par la menace

d'une violence à exercer sur le jeune rival. Mais de quelle nature est cette violence ? L'enfant confronté à la perception du petit rival doit faire face à un double traumatisme : un traumatisme objectal et un traumatisme narcissique. L'enfant ne peut plus vivre dans l'illusion d'un amour exclusif de la mère à son égard : voir sa mère prendre soin d'un autre que lui-même l'amène à faire un véritable travail de deuil de sa toute-puissance infantile et à être confronté à l'ambivalence de ses sentiments vis-à-vis de l'objet maternel source de déception.

Pourtant, cet objet maternel et par extension les objets parentaux avaient antérieurement rempli toutes les conditions nécessaires à la constitution du narcissisme du nouveau-né. Plutôt que de paraphraser Sigmund Freud, je préfère ici citer quelques passages de son article « Pour introduire le narcissisme[3] », article qui traite justement du travail nécessaire de la part des parents dans la constitution du narcissisme de leur enfant : « [...] Il existe ainsi une compulsion à attribuer à l'enfant toutes les perfections[...], et à cacher et à oublier tous ses défauts. [...] L'enfant aura une vie meilleure que les parents. [...] Maladie, mort, renonciation de jouissance, restrictions à sa propre volonté ne vaudront pas pour l'enfant. [...] His Majesty the baby [...]. » Etc.

Comme on le voit, Freud décrit là toute une aire d'illusion nécessaire qui conduit les parents à ne pas simplement considérer le nouveau-né comme un sujet mais comme une Majesté. Mais le règne n'aura été que de courte durée puisqu'un nouveau venu va venir prendre place dans la constellation familiale et qu'un puîné sera de nouveau le centre et le cœur de la création, laissant son aîné dans l'ombre insupportable.

Tout ceci implique aussi que l'enfant est bien contraint de reconnaître que le nouveau-né n'est pas son seul rival ; il y en a un autre et non des moindres : le père qui possède la mère (et réciproquement). Toutes les « conceptions » ne peuvent pas être « immaculées » et l'enfant doit reconnaître de manière intuitive que, pour qu'il y ait naissance, il a bien fallu qu'« un quelque chose » se passe entre père et mère.

3. Sigmund Freud, « Pour introduire le narcissisme », *in La Vie sexuelle*, PUF, 1973.

Macule, tache, souillure sont autant de sources d'aversion et de fascination chez l'enfant et nécessitent toute une série de « formations de compromis », jusqu'à mettre en place des « théories sexuelles infantiles » lui permettant un honorable dégagement sur les causes de sa venue au monde, un dégagement d'une durée relative et que la situation de succession finira de mettre à mal : le sujet n'est présent que parce qu'il est le produit d'une rencontre. Il est peut-être, de manière imaginaire, la cause initiale de cette rencontre mais il n'en est ni l'organisateur, ni le metteur en scène ; il n'en est encore une fois que le produit, mais quel produit ! Il est l'héritier, mais l'héritier de quoi ? L'héritier de qui ? Le sujet qui s'espérait être unique n'est rien d'autre qu'un descendant, un descendant parmi d'autres.

La mort et l'Œdipe

Malgré une fantasmatique solidement ancrée, nul ne peut déshériter ses descendants. L'homme ne peut disposer à son gré des biens qu'il veut léguer. C'est dans un souci de protection de la famille et du patrimoine qu'apparaissent les notions de « réserve » et de « quotité disponible ».

La quotité disponible est une part de la succession dont le testateur fait ce que bon lui semble. Corrélativement, la réserve signifie qu'une part bien définie de l'héritage doit obligatoirement être dévolue à ses descendants de manière prioritaire. Réserve et quotité disponible sont donc un louable souci du juridique visant justement à éviter le débordement de la violence au sein d'une famille ; tout est prévu, organisé, hiérarchisé et chacun est censé être à la place qu'il est en droit d'attendre...

Mais à considérer cette notion de réserve de plus près, on s'aperçoit que le conjoint survivant est exclu de la réserve et c'est là une autre violence tout aussi considérable qui est exercée non seulement envers le conjoint survivant, mais aussi envers les descendants malgré la préférence qui leur est faite.

Pourquoi parler de violence, voire d'une violence fondamentale ? Il faut se rappeler que ce qui est constitutif de la structuration d'un sujet passe par le « complexe d'Œdipe ». C'est ce complexe d'Œdipe qui permet à chacun de pouvoir définir sa position : une position filiale qui oblige d'admettre la primauté du lien conjugal dans les échanges libidinaux ; une position parentale qui nécessite, afin d'éviter des liens par trop incestueux, de privilégier l'union d'un homme et d'une femme, union à l'origine de la procréation d'une progéniture ! Et voilà que tout est bousculé.

Les « structures économiques de la parenté » ont primauté sur les « structures psychiques » de celle-ci. Il faut, au moment de l'héritage, que le conjoint admette d'être relégué à une position subalterne vis-à-vis de la lignée du défunt, et ce malgré les liens quelquefois très forts qui l'unissaient à celui-ci. Corrélativement, il est demandé aux descendants d'assister à la déchéance des droits d'un de leurs parents à leur profit, et ce malgré tout le travail psychique, antérieurement accompli, visant à accéder à un ordre symbolique. Ceci demande au conjoint et aux descendants tout un travail élaboratif et une métabolisation de nouvelles données, métabolisation synonyme d'une violence interne quelquefois fort déstructurante.

Enfin, pour qu'il y ait héritage, il faut que mort advienne et lorsque la mort advient les survivants sont en deuil : beau truisme d'une grande banalité certes, sauf à considérer que les endeuillés sont aussi les héritiers... Là aussi, le législateur a bien prévu les choses avec la notion de saisine : pour des raisons économiques évidentes tous les biens ne peuvent cesser d'avoir un possesseur, d'où : « Les héritiers naturels et le conjoint survivant sont saisis de plein droit des biens, droits et actions du défunt [...]. » Le terme juridique de saisine en succession est issu d'un adage du Moyen Âge : « Le mort saisit le vif, son héritier le plus proche. »

Nous sommes toujours là devant un des avatars du complexe d'Œdipe. L'enfant, avec les interdits de possession liés au complexe d'Œdipe, a renoncé non seulement à l'objet de son désir incestueux mais aussi aux biens matériels appartenant à la figure rivale. Il s'est construit en délimitant son territoire comme différent de celui de ses parents, et une série d'interdits sur la possession des biens se met en place.

Lorsque la mort survient, l'héritier voit ces interdits voler en éclats. Il est non seulement en droit de posséder mais, qui plus est, il est saisi des biens auxquels il avait antérieurement renoncé. L'héritier aura non seulement à mener à bien son travail de deuil, mais ce travail de deuil sera entravé par l'advention de ce qu'il avait souhaité antérieurement : la mort du père, et la possession de ses biens.

Une remise en chantier

Lors d'une succession, ce ne sont pas seulement les liens du défunt qui sont démantelés et démembrés. L'annonce du partage et de l'éparpillement de ce qui avait été antérieurement constitué tout au long d'une vie est aussi celle de tout un réaménagement nécessaire chez les vivants.

Si la mort d'un être proche génère d'emblée une douleur certaine, cette douleur se trouve exponentialisée par l'irruption d'affects (pas toujours avoués) qui laisse l'héritier en proie à une violence dont il ne pourra pas toujours se départir : les ombres de Caïn avec le meurtre du frère Abel, d'Ésaü et de Jacob avec leur marchandage du droit d'aînesse autour d'un plat de lentilles, de Romulus et Remus, se portent sur les héritiers. Ces ombres marquées par des enjeux de rivalité au sein de la fratrie côtoient d'autres ombres : celle d'Œdipe roi du royaume de Laïos, celle d'Œdipe possédant Jocaste, celle d'Œdipe roi parricide et incestueux mais qui justement avait su répondre à l'énigme du sphinx : l'homme n'est que celui qui avait marché à quatre pattes dans son enfance, s'était hissé tant bien que mal sur deux pattes lors de sa vie d'adulte pour se retrouver à trois pattes dans sa vieillesse...

Accepter d'hériter, c'est aussi accepter d'avoir la réponse à l'énigme du sphinx et de partager le sort de l'humanité.

Éric Toubiana

Le sacrifice du sacrifice

Jacques Hassoun

Quand les parents s'autorisent à croire qu'ils sont les représentants de la loi et qu'ils ne se réfèrent à aucune autre instance qu'à eux-mêmes, loin de s'y conformer ils incarnent ce qu'elle a de pervers. Psychotiques, asociaux, ces parents transforment l'enfant en chose et en disposent sans égard. Ils satisfont leurs pulsions aveugles, sauvages, actes révélateurs de la haine qu'ils ont d'eux-mêmes et de la défaillance du père à incarner l'élément médiateur sans lequel tout rapport à l'autre est voué à la folie et à la mort. Le sacrifice du sacrifice qui préserve la vie est alors impossible.

Rien, ni personne ne saurait justifier cette violence.

Qui pourtant existe. Elle existe comme la haine qui dévore chacun d'entre nous. Elle existe comme « l'ennemi [qui] est dans l'ami [et qui pourtant] n'efface pas l'ami[1] ».

Car la violence faite à l'enfant est constamment une trahison et une méconnaissance. Une trahison, car l'enfant qui voit dans son père, dans sa mère, l'équivalent d'un personnage tutélaire et divin est trahi à l'endroit même de la rupture d'un contrat implicite qui interdit aux parents de faire subir à l'enfant une quelconque violence, un quelconque abus sexuel. Or, cette violence relève de la méconnaissance, car ce que l'adulte fait subir à un enfant le concerne d'abord directement. Il détruit dans l'enfant cette part de lui-même qu'il hait, son corps, son sexe. Il a créé cet enfant et ne s'en remet pas d'avoir accompli cet acte qui le révèle mortel, qui le révèle divisé, qui le révèle dépendant d'un autre.

Un détour par le mythe fondateur du judaïsme nous permettra

1. Frédéric Boyer, *L'Ennemi d'amour*, Éd. POL, 1995, p. 30-32.

d'entendre cet ensemble de propositions : en effet, le mythe abrahamique qui va présider à la création d'une divinité unique se déroule tout entier autour d'un acte que Claude Vigée va appeler « le sacrifice du sacrifice ».

Rappelons ici que le terme hébraïque qui concerne le drame qui se noue entre Isaac et son père ne relève en aucun cas du sacrifice (en hébreu *korban*) mais d'une ligature (en hébreu *'akeda*) : Isaac est ligaturé sur l'autel et attend l'accomplissement de la sentence. Nous pouvons imaginer le drame que vit Abraham qui, parti du plus loin de cette terre de Canaan, de Chaldée, après avoir détruit les idoles de son père, se trouve soudain confronté au caprice divin : il doit sacrifier son fils comme le ferait n'importe quel Canaanéen. Ce dieu unique qu'il avait construit dans un effort d'abstraction remarquable se révèle être alors, à l'instar d'un quelconque Baal Zeboub (Maître des Mouches), cruel, possessif, exigeant, imprévisible. C'est alors que... la Voix[2] lui annonce qu'il existe une autre solution : remplacer Isaac par un bélier, c'est-à-dire ne pas sacrifier aux coutumes des peuples environnants et faire le sacrifice du sacrifice.

C'est à cet instant (si, laïques, nous ne cédons pas à la tentation de donner consistance et existence au personnage divin) qu'Abraham peut imaginer une divinité qui va céder sur sa violence, sur ses prérogatives, sur son absolue toute-puissance pour accomplir le seul acte qui compte : celui qui assure à la descendance humaine et à la généalogie sa pérennité.

Désormais, toute tentative de céder sur ce pacte premier sera sévèrement punie. Tout sacrifice des enfants aux Ashtéroth[3] ou au(x) Baal(s) sera considéré comme une tentative de régression aussi grave que l'inceste... et à ce titre punissable de la peine de mort.

C'est ainsi que nous pouvons désormais entendre la fonction paternelle dans sa dimension subjective, sinon humaine : le père ne saurait en aucun cas avoir un droit de vie ou de mort sur la progéniture, la mère est celle dont le discours fonde l'interdit de

2. C'est ainsi que les piétistes juifs désignent la manifestation du divin.
3. Pluriel d'Astarté.

l'inceste, sans lequel s'installerait une régression effroyable susceptible d'entraîner une confusion telle qu'elle abolirait cette barre infranchissable qui garantit la succession des générations.

Or, la violence faite à l'enfant est celle qui détruit ces repères en sacrifiant l'enfant au caprice parental, au caprice de celui qui n'a pu accéder au sacrifice du sacrifice.

Il est remarquable de considérer que cette violence est celle qui constamment témoigne - du côté parental - d'une mise à mal des repères structurants, et en particulier ceux qui se réfèrent à la fonction paternelle telle qu'elle est soutenue par ce que Lacan a pu nommer les Noms-du-Père. Rappelons ici que les Noms-du-Père (qui ne se réduisent pas au seul patronyme) représentent un ensemble de signifiants qui comporte tous les éléments symboliques qui, s'absentant dans la psychose, livre le sujet à l'effondrement de ses repères, au point qu'il sombre dans le délire ou dans le mutisme hébéphrénique, sinon dans l'immobilité catatonique.

Nous pourrions imaginer que cette défaillance de la fonction paternelle pourrait provoquer une atteinte telle chez l'enfant que celui-ci n'aurait d'autre solution que de sombrer dans le délire ou, pour le moins, dans un sentiment d'horreur et d'hostilité massive éprouvée à l'endroit du personnage parental. Pourtant, cela s'avère être rarement le cas. Pourquoi, sinon que cette violence est le plus souvent interprétée par la victime comme une forme d'amour. Un amour paradoxal certes, un amour perverti sûrement, un amour horrible qui semble lier par un nœud gordien l'enfant-victime à son/sa tortionnaire. Cette ligature empêtrée dans un amour tragique est déconcertante pour tous ceux qui ont eu affaire à ces enfants victimes de leurs parents. D'ailleurs, tous ceux qui, telle Éva Thomas, ont combattu pour que la loi contre les abus sexuels (et, ajouterai-je, les mauvais traitements) autorise les victimes à porter plainte contre leurs tortionnaires dix ans après leur majorité l'ont parfaitement compris : cette latence représente le temps nécessaire pour que l'enfant se dégage de cette redoutable emprise.

Ce temps est celui qui est aussi indispensable pour que la trace traumatique devienne trace psychique, pour que la violence subie puisse être symboliquement inscrite. Opération qui fait passer les coups, les hurlements, la souffrance, la séduction vénéneuse, l'obscénité et leur souvenir sur une autre scène. C'est alors que l'inouï cesse d'être un événement fascinant pour soi - et quelquefois pour les autres -, cesse d'être aussi un objet de déni pour devenir un objet susceptible de rédimer les emblèmes paternels (parentaux) abîmés.

Car, et c'est cela qui est généralement mal ou peu compris : l'adulte qui se prête à cette violence est celui dont le nom représente un tel objet d'horreur[4] qu'il s'attache à la perversion de son acte comme recours contre la psychose, contre cette forme de psychose très particulière dont ceux qui s'imaginent *être réellement* un père tout-puissant sont la proie.

Cela n'excuse rien. Cela n'allège en rien la faute mais permet d'entendre aussi que ces violeurs, ces assassins, ne sont jamais que des psychotiques ratés, des pervers affligés d'une destruction de leur nom propre.

Un film néo-zélandais, *Once were Warriors*[5], met en évidence ce processus chez les Maori. Mais on pourrait dire aussi que chez d'autres peuples (comme les Afro-Américains, les Antillais ou les Réunionnais), écrasés par un passé de mise en esclavage et que l'on soupçonne, souvent à tort, quelquefois avec raison, d'être des parents violents et violeurs, ces phénomènes existent. Il est remarquable aussi de considérer combien la société post-coloniale se complaît à voir dans chaque coup que l'enfant reçoit la manifestation d'un abus sexuel : n'est-ce pas une manière d'expulser de leur subjectivité les « autochtones », les descendants de ceux qui furent victimes de la traite ?

Abîmés, détruits, écrasés, alcoolisés, ils n'ont d'issue que dans la violence, non pas celle qui s'attaque à leur enfant... et à eux-mêmes, mais celle qui, à l'instar des protagonistes du film *Once were Warriors*, les fait se replier sur leurs cultes passés et sur leurs tatouages traditionnels. Mais, dans d'autres cas, cette violence se retourne contre eux-mêmes et leur progéniture pour parachever la destruction commencée avec l'arrivée de l'homme blanc ou avec la traite qui les a arrachés de leur continent, les a dispersés, les a

4. Insistons : le patronyme fait partie de l'ensemble qui signifie la fonction paternelle.
5. *L'Âme des guerriers*, film néo-zélandais de Lee Tamahori.

privés du droit à la paternité et a forclos leur histoire : pas un ne sait quelle langue parlaient ses ancêtres et quelles divinités ils adoraient.

Cas extrêmes qui rendent compte de ce qui se passe sous nos latitudes. La clinique le met en évidence : le père violent (et violant) est constamment celui dont les emblèmes et les identifications sont mises à mal, au point qu'il s'octroie - faute de « maîtrise » - le droit exorbitant d'être un Maître féroce, mettant à mal ses enfants, mais aussi l'enfant qui est en lui.

Ce meurtre - car il s'agit bien d'un meurtre - témoigne d'un déchaînement pulsionnel au seul profit d'une érotisation de la pulsion de mort.

Si punir le parent violent est une solution incontournable, si le guérir est quelquefois impossible, reste que l'enfant - même devenu adulte - a droit à une réparation : celle qui lui permettra de rédimer la mise en lambeaux de son nom par la violence subie.

Jacques Hassoun

Biographie des auteurs

Marie-Louise Audiberti Écrivain. A publié, entre autres, *La Cadette*, Éd. Écriture, 1995 et *Le Vagabond immobile, Robert Walser*, Éd. Gallimard, 1996.

Patrick Baudry Professeur de sociologie dans le département de Communications sociales de l'université Bordeaux-III et chercheur au CNRS. A publié une *Sociologie du tragique*, Paris-Cerf-Cujas, 1986. Il dirige la collection « Nouvelles études anthropologiques », aux Éd. L'Harmattan où il a publié *Le Corps extrême*, en 1991.

Claudie Danziger A codirigé les ouvrages *Deuils* (coll. Mutations, n° 128, 1992), *L'Attente* (coll. Mutations, n° 141, 1994), *Nom, prénom* (coll. Mutations, n°147, 1994) et a dirigé *Nourritures d'enfance* (coll. Mutations, n° 129, 1992).

Alain Didier-Weill Ancien interne des hôpitaux psychiatriques de la Seine. Psychanalyste, écrivain et dramaturge. A publié, entre autres, *Les Trois Temps de la loi*, Éd. du Seuil, 1995 et *L'Heure du thé chez les Pendlebury*, Éd. Actes Sud, 1992.

Lydia Flem-Olender Psychanalyste et écrivain. Membre de la rédaction de la revue *Le Genre humain*. Auteur, entre autres, de *L'Homme Freud*, Éd. du Seuil, 1991, et *Casanova ou l'exercice du bonheur*, Éd. du Seuil, 1995.

Georges Gottlieb Bibliothécaire à Argenteuil. A publié *Un siècle de roman japonais*, Éd. Philippe Picquier, 1995.

Jacques Hassoun Psychanalyste et écrivain. A publié, entre autres, *La Cruauté mélancolique*, Éd. Aubier, 1995 et *Le Passage des étrangers*, Éd. Austral, 1995.

Josée Lapeyrere	Psychanalyste et écrivain. A publié *Comment faire le tour : « éloge de la course »*, Éd. Point Hors Ligne et *La Quinze Chevaux* et *Belles Joues les géraniums*, Éd. Flammarion, Poésie.
Laurie Laufer	Auteur. A publié *Les Princes du rire*, Éd. Ouvrières, 1989 ; *Le Paquet volé*, Éd. Ouvrières, 1990 ; *Le Secret du grand-frère*, Éd. Ouvrières, 1990.
Charles Melman	Ancien psychiatre des Hôpitaux. Directeur de l'enseignement de l'École freudienne de Paris. Responsable de la revue *Scilicet*. Fondateur de l'Association freudienne internationale. A publié *Refoulement et Déterminisme des névroses*, AFI, 1992, *La Nature du symptôme*, AFI, 1994.
Pierre Pachet	Professeur à l'université Paris-VII et essayiste. A publié récemment une traduction de *La République* de Platon (Folio/Essais). Auteur de : *Le Grand Âge*, Le Temps qu'il fait, 1993 ; *Autobiographie de mon père*, Éditions Autrement, coll. Littératures, 1994.
Alina Reyes	Écrivain. Derniers ouvrages parus : *Le chien qui voulait me manger*, roman, Gallimard, 1996 et *La Nuit*, roman, Éd. Joëlle Losfeld, 1996.
Lydie Salvayre	Écrivain. A publié *La Déclaration*, Éd. Julliard, 1990 ; *La Vie commune*, Éd. Julliard, 1991 ; *La Médaille*, Éd. du Seuil, 1993 ; *La Puissance des mouches*, Éd. du Seuil, 1995.
Éric Toubiana	Psychanalyste et consultant près les tribunaux. Maître de conférences à l'université Paris-VII-Denis-Diderot à l'UFR de sciences humaines. A publié *L'Héritage et sa psychopathologie*, PUF, 1988.
Gisèle Venet	Professeur de littérature anglaise à la Sorbonne-Nouvelle. Auteur d'une étude sur le tragique, « Temps et vision tragique » dans *Shakespeare et ses contemporains*, Presses de la Sorbonne-Nouvelle, 1995. Participe à la réédition de l'œuvre de Shakespeare entreprise par Jean-Michel Déprats pour Gallimard/Pléiade. A édité *Le Roi Lear* (Folio-Théâtre, Gallimard, 1993), *Tout est bien qui finit bien* (Folio-Théâtre, Gallimard, 1996).
Cécile Wajsbrot	Écrivain. Derniers romans parus : *Le Désir d'équateur*, 1995 et *Mariane Klinger*, 1996, Éd. Zulma.

Titres disponibles dans la collection « Mutations »

Abandon et adoption
(N° 96) 224 p. 95 F.
Acteurs
(N° 70) 256 p. 110 F.
Ainsi change l'école
(N° 136) 256 p. 110 F.
Amour foot
(N° 80) 200 p. 80 F.
Après les grands soirs
(N° 165-166) 352 p. 149 F.
À quoi pensent les philosophes
(N° 102) 256 p. 110 F.
Argent
(N° 132) 232 p. 110 F.
Armes
(N° 73) 256 p. 80 F.
Attente
(N° 141) 224 p. 110 F.
Autres médecines, autres mœurs
(N° 85) 240 p. 95 F.
Aventure
(N° 160) 216 p. 120 F.
Aventure des images
(N° 167) 192 p. 98 F.
Bibliothèque
(N° 121) 232 p. 95 F.
Bombe
(N° 55) 168 p. 99 F.
Chercheurs ou artistes ?
(N° 158) 240 p. 120 F.
Chez-soi
(N° 137) 224 p. 110 F.
Cité des chiffres
(N° 5) 264 p. 120 F.
Confort moderne
(N° 10) 224 p. 120 F.
Corps surnaturé
(N° 4) 208 p. 120 F.
Culte de l'entreprise
(N° 100) 256 p. 110 F.
Culture des camarades
(N° 78) 224 p. 80 F.
Défi bioéthique
(N° 120) 200 p. 95 F.
Demain, un emploi ?
(N° 110) 256 p. 89 F.
Deuils
(N° 128) 232 p. 110 F.
Dieux en sociétés
(N° 127) 184 p. 110 F.
Dimanche
(N° 107) 224 p. 95 F.
10-13 ans
(N° 123) 208 p. 110 F.
Dormir
(N° 119) 208 p. 95 F.
École plus
(N° 67) 384 p. 149 F.
École et entreprises
(N° 118) 192 p. 95 F.
Économie dévoilée
(N° 159) 192 p. 110 F.
Enfant lecteur
(N° 97) 208 p. 95 F.
Enfant vers l'art
(N° 139) 256 p. 110 F.
Ère des médiums
(N° 103) 232 p. 89 F.
Ère du faux
(N° 76) 224 p. 95 F.
Esprit des drogues
(N° 106) 224 p. 89 F.
Être vieux
(N° 124) 192 p. 95 F.
Europe-Hollywood et retour
(N° 79) 240 p. 80 F.
Excellence
(N° 86) 249 p. 95 F.
Faire la politique
(N° 122) 224 p. 95 F.
Fatale beauté
(N° 91) 224 p. 95 F.
Fous de danse
(N° 51) 264 p. 95 F.
Génération glisse
(N° 155-156) 344 p. 140 F.
Gourmandise
(N° 140) 192 p. 110 F.
Habiter, habité
(N° 116) 224 p. 89 F.
Hauts lieux
(N° 115) 184 p. 89 F.
Hauts-lieux musicaux d'Europe
600 p. 220 F.
Héros de l'économie
(N° 59) 252 p. 70 F.
Homme contaminé
(N° 130) 208 p. 110 F.
Hôpital à vif
(N° 109) 232 p. 95 F.
Humour
(N° 131) 232 p. 110 F.
Infiniment médecins
(N° 161) 208 p. 120 F.
Info-révolution
(N° 113) 360 p. 149 F.
Intelligence, intelligences
(N° 57) 192 p. 95 F.
Intime
(N° 81) 208 p. 95 F.
Islam
(N° 95) 216 p. 110 F.
Jeunesse perdue
(N° 157) 168 p. 110 F.
Jouet
(N° 133) 216 p. 110 F.
Légèreté
(N° 164) 208 p. 120 F.
Lumière
(N° 125) 208 p. 95 F.
Machines à écrire
(N° 146) 224 p. 110 F.
Manger magique
(N° 149) 208 p. 110 F.
Mangeur
(N° 138) 176 p. 110 F.

Mariage, mariages
(Nº 105) 208 p. 95 F.
Maternelle
(Nº 114) 232 p. 110 F.
Mémoires lactées
(Nº 143) 224 p. 110 F.
Mère
(Nº 90) 224 p. 95 F.
Mille et une bouches
(Nº 154) 224 p. 110 F.
Mort à vivre
(Nº 87) 224 p. 110 F.
Nom, prénom
(Nº 147) 224 p. 110 F.
Nourritures d'enfance
(Nº 129) 216 p. 110 F.
Objectif bébé
(Nº 72) 240 p. 95 F.
Obsession sécurité
(Nº 104) 192 p. 89 F.
Odeurs
(Nº 92) 224 p. 95 F.
Œdipe et neurones
(Nº 117) 256 p. 95 F.
Opéra
(Nº 71) 260 p. 95 F.
Orchestre
(Nº 99) 240 p. 95 F.
Oublier nos crimes
(Nº 144) 288 p. 120 F.

Ouvriers, ouvrières
(Nº 126) 224 p. 110 F.
Panseurs de douleurs
(Nº 15) 224 p. 89 F.
Parents au singulier
(Nº 134) 224 p. 110 F.
Passés recomposés
(Nº 150-151) 368 p. 149 F.
Penser la Terre
(Nº 152) 264 p. 110 F.
Pères et fils
(Nº 61) 232 p. 95 F.
Plaisir des mots
(Nº 153) 224 p. 110 F.
Pub
(Nº 53) 232 p. 110 F.
Rencontre
(Nº 135) 184 p. 110 F.
Réveil des anges
(Nº 162) 216 p. 120 F.
Révolutions minuscules
(Nº 29) 254 p. 60 F.
Scène catholique
(Nº 75) 232 p. 75 F.
Sciences contre l'homme
(Nº 8 vol. 1) 192 p. 120 F.
Sciences contre l'homme
(Nº 9 vol. 2) 152 p. 98 F.
Science ou justice ?
(Nº 145) 224 p. 110 F.

Science, pouvoir et argent
(Nº 7) 224 p. 120 F.
Sexe des sciences
(Nº 6) 208 p. 120 F.
Sœurs, des frères (Des)
(Nº 112) 184 p. 110 F.
Souffrances
(Nº 142) 224 p. 110 F.
Technologies du quotidien
(Nº 3) 224 p. 120 F.
Technopolis
(Nº 74) 256 p. 75 F.
Terre outragée
(Nº 1) 272 p. 120 F.
Thérapies de l'âme
(Nº 43) 264 p. 110 F.
Tokyo séisme
(Nº 2) 152 p. 95 F.
Tout négocier
(Nº 163) 240 p. 120 F.
Vacances
(Nº 111) 224 p. 95 F.
Villes en guerre
(Nº 83) 192 p. 80 F.
Violence des familles
(Nº 168) 184 p. 110 F.
Visage
(Nº 148) 240 p. 110 F.

Éditions Autrement

Directeur-rédacteur en chef : Henry Dougier. *Rédaction :* Jean-Claude Béhar. Nicole Czechowski. *Fabrication/Secrétariat de rédaction :* Bernadette Mercier, *assistée de* Hélène Dupont *et de* Alice Breuil. *Graphisme :* Kamy Pakdel. *Service financier :* Éric Moulette, *assisté de* Isabelle Lerat. *Gestion et administration :* Agnès André. Hassina Mérabet. Christian Da Silva. *Service commercial :* Jean-François Gallon. *Service de presse :* Agnès Biltgen.

Abonnements au 1er janvier 1997 : la collection « Mutations », complémentaire des collections « Monde », « Mémoires » et « Morales », est vendue à l'unité (120 F par ouvrage) ou par abonnement (France : 500 F ; Étranger : 600 F) de 5 titres par an. L'abonnement peut être souscrit auprès de votre libraire, ou directement à Autrement, Service abonnements, 17, rue du Louvre, 75001 Paris. Établir votre paiement (chèque bancaire ou postal, mandat-lettre) à l'ordre de NEXSO (CCP Paris 1-198-50-C). Le montant de l'abonnement doit être joint à la commande. Veuillez prévoir un délai d'un mois pour l'installation de votre abonnement, plus le délai d'acheminement normal. Pour tout changement d'adresse, veuillez nous prévenir avant le 15 du mois et nous joindre votre dernière étiquette d'envoi. Un nouvel abonnement débute avec le numéro du mois en cours. Vente en librairie exclusivement. Diffusion : Éditions du Seuil.

Directeur de la publication : Henry Dougier. Revue publiée par Autrement.
Comm. par. 55778. Corlet, Imp. S.A., 14110 Condé-sur-Noireau. N° 19083.
Dépôt légal : janvier 1997. ISBN : 2-86260-671-5. ISSN : 0751-0144. *Imprimé en France*